他们都是领袖

THE JOURNEY OF BEIJING OPERA:
STORIES OF PUBLIC DIPLOMACY

我的公共外交实践

◎孙萍 著

中国文史出版社

《穆桂英挂帅》 孙萍饰演穆桂英

《天女散花》 孙萍饰演天女

《霸王别姬》 孙萍饰演虞姬

《贵妃醉酒》 孙萍饰演杨贵妃

序

赵启正

中国人口占世界的五分之一，但是中国文化，尤其是在近代对世界文化的贡献有多少，就难以回答，大家的感觉是比我们应当的贡献要少得多。中国的国民生产总值是世界第二，出口是世界第一，但是它的文化出口，也即它的文化影响力却排名靠后①，国际舆论也在问它真的崛起了吗？一个国家的经济强大只是崛起的必要条件，只有加上文化的强大才算全面崛起了。世界各国都在发展中，若想成为一个被尊重的国家，首当其冲的应该是它的文化被世界喜欢，而不是先看有多少军力，国民生产总值有多少。往往军力越大，别国越会有警惕；国民生产总值越高，别国越会有嫉心。小国受到尊重的例子也很多，这样的国家必然是因为文化灿烂才被人尊敬的。中国的传统文化雄厚，现代文化也在发展中，哪些文化能走出去？如何走出去？以什么方式走出去？这是我们国人，尤其是文化人必须回答和实践的问题。

有一句关于文化传播的话流行了很久——“越是民族的，越是世界的”，但这句话是需要推敲的，这句话会使我们懒惰。我们不努力，我们的文化也会自动地成为世界的吗？这怎么可能呢！比如，地方的某一种表演艺术，它是地方的，当然也是民族的，但如果中国都没走全，怎就会成为世界的呢？有人说这是鲁迅说的，其实，鲁迅并没有这样说过。鲁迅是说：只有民族的，才是世界的。综合鲁迅当年说此话的语境，我的理解是，只有在本民族是优秀的和能为外国理解的文化，加上主动走出去，才有“可能”成为世界的。

本书作者孙萍本来是优秀的京剧表演艺术家，她没把自己囿于京剧舞台，而早在1990年就走出了国门，在匈牙利、德国、美国等国从事京剧的理论和表演的传播，同时她还擅长把京剧要素融于外国戏剧之内，成功的创意赢得了外国戏剧家的膺服。在国外的十几年，她直接向当时的匈牙利总统根茨·阿尔帕德、美国前总统乔治·沃克·布什、克林顿和德国前总统科尔等领袖人物讲解了中国文化，还和一些国家的戏剧界领军人物在文化合作中结下了深厚友谊。

公共外交的概念是近五年才在中国传播开的，由公众承担的文化对外传播是公共外交的重要内容。十一届全国政协外事委员会在这一任期内把推动公共外交的理论研究和实践作为履职的一个新领域和工作主线，开展了内容丰富、形式多样的活动——举办讲座、开展国际交流、出版公共外交刊物和专著。孙萍是外事委员会的委员，也是该委员会内的公共外交小组的成员，是公共外交活动的积极参与者。

我很高兴，孙萍欣然接受了我的建议出版了这本属于推广公共外交之列的新著。她在国外的十几年中，似乎往往是“单枪匹马”地展开着以传播中国文化为内涵的公共外交活动，但她毫不孤独，她身后的支持是取之不尽用之不竭的中国传统文化。由于此书的题材多少有些“奇异”，故事自然也十分有趣，我相信它必将受到对公共外交有兴趣和爱好京剧的读者的欢迎。

①：英国《单片眼镜》(*Monocle*) 杂志在 2012 年 11 月 18 公布的世界软实力排行榜调显示，排在前五名的国家是英、美、德、法和瑞典，其中国为第 22 名。文化的输出是评价软实力的主要根据之一。当然，也要注意到不同的调查体系会影响排名顺序。

目　录

前　言

我是一个京剧演员，这是我对自己的定位。“我为京剧而生”，这是我发自内心的自白。

我出生在宁夏，父母都是响应党中央的号召从北京来到西北支宁的医生。西北的艰苦生活，磨砺并造就了我坚强的个性。西北虽然苦寒，但身处父母羽翼护佑之下，童年的生活却也不乏欢乐。然而，在我 10 岁那年，母亲不幸去世。身处异乡，外加年幼丧母，仿佛整个世界瞬间崩塌。

丧母之痛使我心碎，但生活之艰却容不得我多想。哭过之后，我只能擦干眼泪强迫自己从悲痛中走出来，在磨砺中成长壮大。十一岁那年，因为我的文艺特长，被老师选中进入宁夏京剧团学员班，从此与京剧结下了不解之缘。

在别人看来，我的艺术道路可谓一帆风顺。1975 年，15 岁的我就凭借现代京剧《赛驼之后》在全国戏剧汇演中获 3 项大奖，一举成名，一时间可谓“家喻户晓”。但这一时华丽之后的艰辛却只有我能体会。

看过电影《霸王别姬》的人，一定会记得师傅教徒弟练功时的狠话：要想人前显贵，必得人后受罪。很多人看过之后难免唏嘘感慨，最后一叹了之。但对于有着类似经历的我，这句话却直戳我的痛处，因为我深知学戏之苦。学戏的时候，我比谁都用功，起早贪黑，没日没夜。所有这些，只因为我固执地相信一句话：“吃得苦中苦，方为人上人。”

一举成名之后，我本以为自己会以一个“角”的身份，在京剧舞台上走完一生。但个人命运往往与历史大背景暗合，而且个体毫无抗拒之力。我的出生如此，我人生的第一次转折也是如此。1977 年，因文革冲击中断十年之久的高考恢复，我当时虽然已小有名气，但一时的成功却并不能抹去我心中的忧虑：我深知作为京剧演员，一个人的艺术生命毕竟有限；而只有将个人有限的艺术生命植根于知识的沃土，艺术之树才能常青。权衡再三，我决定暂时放弃舞台演出，去考大学。

1978 年，我以总分第一的成绩考入中国戏曲学院，有幸成为中国京剧史上第一批大学生中的一员。而这一年，我尚未满 18 岁。

如果说踏上京剧舞台大大丰富了我原本单薄的生命个体，那么进入中国戏曲学院继续深造则开启了我戏曲生涯的新篇章，为我以后的戏曲人生打下了坚实的基础。虽然我已入行多年且在业内小有名气，但是中国戏曲学院特有的艺术氛围和深厚的文化底蕴却着实使我获益良多。当时的戏曲学院可谓群星闪耀，大师云集，梅葆玖、史若虚、王玉荣、王晓荣、李维康等前辈悉数在列。春雨有情，润物无声，大师们给予我的，不仅仅是专业上的指导，更是道德和人格上的熏陶。跟着他们学戏，不仅仅使我表演水平大大提高，更使我明白了很多人生道理。在大学期间，我虚心向前辈求教，认真钻研理论知识，在史若虚院长和京剧表演艺术家李维康、艾美君、杜近芳、张君秋等前辈的精心栽培下，学业上取得了优异的成绩。学习之余，我还撰写有关戏剧方面的理论文章，被艺术界老前辈称为“知识型京剧演员”。

回想戏曲学院的生活，我最为怀念和感激的人，是当时戏曲学院院长史若虚先生。史先生才华横溢，德艺双馨。正是他的精心栽培和悉心照料，使得我在京剧艺术之路上走得更为轻松，也更为坚定。

由于在校期间表现优异，毕业后我被分配到国家京剧院工作。当时的京剧院亦是人才济济，名家云集。正所谓“初生牛犊不怕虎”，我凭着自身努力成为了京剧院青年演员中的佼佼者，并很快在重要剧目中担当主要角色。我非常珍惜京剧院的工作，它使得“初出茅庐”的我就有机会和袁世海、李和增、吴玉章等大师同台演出。作为后生晚辈，我心中的惶恐和激动难以用语言来表达。大师们虽成名已久，却丝毫没有我想象中大师会有的“架子”，对我这个刚毕业不久的“小孩儿”也是关爱有加。与他们相处，我感受到最多的是他们长辈般的慈爱，以及他们对于京剧艺术发自内心的热爱。他们也是中国京剧最后的一批“遗老”，他们从老戏班上带来的“做戏”和“做人”的道理使我感动，更使我受益终生。正是这些“老戏骨”的关爱提携、言传身授，使我得以在艺术之途攀上新的高峰。

另一个对我戏曲人生产生重要影响的人便是我的先生叶金森。先生出身于梨园世家，曾祖父率徽班进京，乃有京剧之滥觞。祖父叶春善创办“富连成科班”，开京剧教育之先河，并培养了梅兰芳等京剧大家。先生得到其叔父、著名京剧表演艺术家叶盛章的真传，技艺超群，唱、念、做、打无所不精，尤其擅长武生和丑生。作为一个京剧演员，能结识先生并嫁入梨园世家，成为一个传统犹存的艺术世家的一员，除在京剧技艺方面获得直接营养之外，更多的是在家庭氛围上得到潜移默化的滋润，是我此生最大的幸福。但作为这个家庭的儿媳妇，我意识到自己肩上的担子更重了。我要做的，不仅仅是相夫教子，更要尽自己最大的努力，为这原本辉煌灿烂的家史添上自己的一笔。

我热爱京剧，并且在这条路上走得越远，便爱得越深，深到难以自拔。可是正当我在京剧道路上奋步前行的时候，老天却和我开了一个善意的玩笑。正是这个玩笑，使我看到了京剧的另一种可能。

1990年，应中国剧协邀请来访的匈牙利布达佩斯室内剧院院长米克洛什·须茨先生和艺术总监奇思马迪阿·蒂博尔先生偶然看了我的演出，对我的表演赞不绝口，并深深地为京剧这一中国古老的艺术形式所折服。之后不久，我收到了匈牙利发来的邀请函，邀请先生和我共赴匈牙利进行文化交流，这正是将京剧这一古老的中国艺术推向世界的绝好时机。顺理成章，我夫妇二人受文化部及中国京剧院委派前往匈牙利交流学习。

到达匈牙利后不久，恰逢我国国庆，我们受邀参加中国驻匈牙利大使馆的国庆宴会。未曾想，时任匈牙利总统的根茨·阿尔帕德竟然不请而来，我有幸与他交谈并被邀请择日会面，一来二去，我们便成了好朋友。正是因为我的艺术家身份，使得我受到总统先生的青睐，并最终与他建立了深厚的友谊。1995年，我受中国驻匈牙利大使的委托，向总统转达了希望他访问中国的意图，并最终促成了当年的匈牙利总统访华，开启了中匈交往的新篇章。

鉴于我对中匈文化交流所作出的贡献，1993年，我被匈牙利政府授予“匈牙利荣誉国民证章”。能获得如此荣誉固然令人欣喜，但更让我欣喜的是，匈牙利人民对于中国京剧和中国文化的接受，这正是我最希望看到的。

艺术是没有国界的，对普罗大众有着直接而深远的感染力，不论国家、民族、语言与肤色。正是这次略带传奇色彩的经历使我第一次真正领悟到艺术在国家交往中的力量和作用。从此，作为艺术家的我与“外交”结下不解之缘。

此后，我又多次受邀出访匈牙利，后来又作为匈牙利裴多菲剧院的艺术顾问长期工作于斯。在匈牙利的9个春秋里，我一直致力于京剧在当地的推广工作，竭尽所能，利用艺术家身份建立的关系来推动中匈两国的文化交流，让中国人民了解匈牙利，也让匈牙利人民了解中国。

正是在与匈牙利艺术家的交流过程中，我发现了京剧与西方戏剧潜在的契合点：作为世界三大戏剧体系之一的“梅氏京剧体系”在表现形式和审美情趣上与欧洲的“动作戏剧”流派有着相通之处，都以形体动作来表现时空的转换和人物内心的情感变化。但后者与京剧相比，却存在着明显的不足：简约有余而美感不足。

这一发现使我欣喜若狂，作为一个京剧演员，我是多么希望看到京剧能与西方戏剧相互借鉴，并最终赢得西方观众认可。于是，我便开始与裴多菲剧院合作，寻找恰当的方式实现中国京剧与西方戏剧的适度“融合”。

1994年7月，我与裴多菲剧院合作制作的第一部动作戏剧《圣·拉兹洛国王》上演，该剧的特色在于其对中国戏曲的旋律、唱法以及京剧的表演程式、武打技巧等的吸收，演出大获成功。

第一次尝试即获成功使得我信心大增，也让我看到了中国京剧“扬帆出海”的可能。于是我们一鼓作气，相继排演了《西游记》、《艺术家的节日》、《中国姑娘图兰朵》等剧目，都表现不俗。在1994年第10届国际动作戏剧汇演中，由我指导的《西游记》获得最佳编剧和最佳表演奖。时任德国总理科尔亲自颁奖并发表讲话说：“非常感谢两位中国艺术家（指我和我的先生叶金森），你们给欧洲这几种死板的戏剧艺术吹进了一股新风。动作戏剧是中西方艺术结合的典范，并且这种结合是成功的。”

多年的匈牙利生活我获益良多，在这里我收获的不仅仅是欧洲同行的认可，更是匈牙利人民的友好和热情。而正当我在匈牙利工作左右逢源之时，人生的又一次转折不期而至。

1998年，我拜会时任驻美大使的李肇星，与他探讨文化交流的问题。大使对我在欧洲的交流活动非常感兴趣，并推荐我去美国进行同样的尝试，将中国京剧和中国文化介绍给更多的美国人。那时我对在匈牙利工作和生活都很满意，所以不可能没有犹豫。但考虑再三，最终我还是决定接受大使的邀请。在短暂的考察之后，1999年，我正式调任美国。

作为世界头号强国，美国在中国外交工作中的地位不言而喻。而有幸为大使垂青，担当中美文化交流的“引路人”，其压力之大可想而知。离开熟悉的环境，踏上新的路途，心里多少有些忐忑不安。但作为一个中国人，与生俱来的爱国情怀却容不得我犹豫，只有抛开不安，迎难而上。最初我以访问学者的身份入美，到美之后，我便抓住一切机会，通过交流、演讲、授课等方式向包括艺术家、议员、大学生在内的各色美国人介绍中国文化，向他们展示京剧的魅力。

正所谓天道酬勤，我的友好得到了美国人的认可，我的辛勤耕耘也终于有了收获。久负盛名的华盛顿交响乐团与我合作，共同推出了“交响京剧”这一崭新的京剧艺术形式。于是，来自古老东方的“大家闺秀”在美国迎来了她的华丽“邂逅”，与交响音乐这一“欧洲贵族”携手，最终得到了两大“家族”的认可。

2000年，我服从组织安排，回到阔别已久的祖国。承蒙政府和人民的信任，我有幸被选为全国政协委员，这为推广我深爱的京剧提供了更多的便利。

与京剧在国外某些地方的火热相比，京剧在国内的遭遇可谓“光景惨淡”。一方面是京剧艺术的整体衰落，好戏难出，好角难寻，圈内人捶胸跺足，却又无计可施。另一方面，青少年观众的缺失使得被称作“国粹”的京剧及其背后所代表的传统文化面临“后继无人”的窘境。出于一个梨园人的责任心，2008年两会期间，我向全国政协提交了“京剧进校园”提案。虽然提案最终落实情况不理想，但于我个人来说，却已尽心尽力，对得起自己，也勉强对得起戏剧界的老前辈了。

与此同时，多年的海外生活经历使我看到了京剧对外推广工作中的不足：国外能找到的京剧资料实在是少之又少，仅有的资料质量也是良莠不齐。国外的京剧爱好者即使有心了解，却也是“欲济无舟楫”。有感于此，我竭尽所能，促成了“京剧百部经典翻译”工程的开展。令人欣慰的是，这一项目自去岁启动，如今已小有所成。所需要的，仅仅是多一点时间，以及更多的政府和社会的支持。

“问渠那得清如许，为有源头活水来。”作为业内人士，我深知人才培养对于京剧艺术继承和发展的重要性。要想京剧之渠常清，优秀人才的培养、新旧人才的更替至关重要。在我看来，业务培训与理论研究是京剧复兴繁荣必不可少的两个支点，二者缺一不可。我一直被某些同行称为“演员中的理论派”，足见我对理论研究的热情。在人大老校长纪宝成同志的支持下，中国人民大学在2007年10月成立国剧研究中心，我有幸蒙纪老垂青，受聘成为该中心的执行主任。之所以受此重任，是因为我简单而执着的理想：借用人民大学这一综合性大学的优势，利用“研究中心”来搭建一个研究平台，开展京剧历史与京剧美学等方面的研究，弥补当前京剧理论研究的不足。

唱了这么多年戏，走了这么多地方，又见了这么多人和事，在很多人看来，或许我的人生已经“圆满”了。但实际上，我一直有个心愿：能出一本书，写写我这些年来的经历，说说我这么多年来文化交流的体会，为了我深爱的京剧，也为了我深爱的祖国。

前段时间我和全国政协外事委员会主任赵启正聊天，不经意间谈到我出书的想法。他非常支持，建议我以十多年间在外国推广中国京剧的故事，来说明个人承担的文化交流也是公共外交的一种实践方式。赵启正主任是我国公共外交的重要推动者，他甚至连书名都给我想好了。于是我有了信心，开始动笔，也借此机会回顾一下我这些年走过的路。

对我来说，踏入“外交”舞台纯属无意为之。1993 年出访匈牙利，是我艺术生涯的一个转折点，也是我无意识的“外交工作”的起点。虽然我长期在国外工作，但始终恪守自己“艺术家”的身份，所结交的也以“文艺青年”居多。虽然与诸如匈牙利总统之类的政府高官私交甚笃，却也没有刻意往“外交”上靠。

但这看似偶然的经历却又有着深刻的必然性。作为京剧演员，我希望将京剧这一饱含中华文化精髓的“国粹”介绍到国外，让世人见识中国文化和中国艺术的魅力。而作为一个中国人，我生于斯，长于斯，最希望看到的，是祖国能够强大起来，并为其他国家所理解、接受。非官方的艺术家身份给我的对外交往平添了许多便利，而京剧的独特魅力更成为我与外国人交往的不二法宝，完成了专业外交官员都难以完成的任务。

我深知自己在外交理论上的不足，因此也不奢望我的书能获得专业人士的认可，成为“公共外交的经典之作”。我所讲的，只不过是我的一些个人经历，以及基于经历的一些个人感悟。但愿这些“经验之谈”能给需要它的人一些启发。

值得高兴的是，“公共外交”前不久还被写入了胡锦涛同志的十八大报告。而我在全国政协第十一届全国委员会第二次会议上提出的“关于在新形势下整合推动公共外交的提案”被评为优秀提案。诚如鲁迅在其小说《故乡》中所言，“这世上本没有路，走得人多了，也便成了路”。此时的我依然在行走之中，我所希望的，就是能在路途之中脚步更踏实一些，旅途中的脚印，或者能为后来者提供些许方便。

序　论

写我的公共外交实践是一种经验的总结。首先，从本质上说，公共外交不只是一个概念，它是一门实践学科。公共外交特指一国政府通过文化交流、项目交流等形式，以民间或者半官方半民间的方式，改善本国国家形象，提高国际影响力，进而谋求本国国家利益的外交方式。在中国，长期以来，公共外交实践并未引起足够重视，涉及公共外交的研究集中于理论性、概念性研究，而忽略公共外交的实践特征。因此，总结我的公共外交实践既是对过去的回顾，也为以后进行更深层次的公共外交研究提供案例。

我的公共外交实践是以文化交流为手段，通过对中国戏曲文化的传播，吸收西方文化的精髓并加以融合，达到弘扬中华民族优秀文化艺术，拉近我国与世界的距离，从而提高中国在西方民众间的影响和地位的目的。达·芬奇说，“理论脱离实际是最大的不幸”。所以，我没有把精力单纯集中在理论研究，而是理论与实践相结合，并且注重总结，以完善既有理论。因为公共外交在国外已经相当成熟，我们再投入大量人力和财力去研究所谓“中国特色”的公共外交是一件得不偿失的事情。只要我们在实践当中把握原则性的东西，坚持以马克思主义思想为指导，坚持社会主义建设不动摇，随时调整对外交流中的不足，改正对外交流中的瑕疵，才是一条正确的路线。实践是检验真理的唯一标准，任何经不住实践检验的理论都是靠不住的！只进行繁冗的理论化研究，而不进行深层次的实地调研，那么理论也必然会和实际脱节。

文化交流及其在公共外交中的地位

“文化如水，润物无声。”将文化导入国家外交战略，古已有之。所谓文化外交（cultural diplomacy），是指由一个国家的政府，或者是由政府授权和委托的非政府组织和民众开展的，以文化传播、交流、沟通为主要内容，意在达到特定目的和对外战略意图的外交活动。就其本质来说，文化交流或者文化外交是一种输出思想、传播观念和价值观的活动。文化外交的手段多种多样，既可以是人员互访、语言教育，又可以是文学艺术交流等。其目的在于通过向他国政府、民众传播自己国家的文化，增进他国民众对本国的了解，塑造本国良好的国际形象，进而获得理解与支持，为其他外交目的的实现铺平道路。

公共外交中文化交流的定义是国家为了维护本国利益，提升本国的国际影响力，实现国家对外战略意图，以文化传播为内容，以文化交流为手段，以和平的方式开展的非官方的外交活动。文化作为一国的软实力，是一国智慧的象征，也是一国民族心理、民族品格的本真写照，具有独一无二的民族特性。文化交流体现出灵活性和普遍性，相比其它外交形式更易被他国政府接受。公共外交源于文化外交，是一种超越传统外交范围的外交形式，一般是以外国民众为对象的外交行为，通过人际交往达成共识，促进国家之间的关系向良性发展。

早在1964年，美国参议院富布莱特就曾说：在今天的世界上，对外政策不能孤立地基于军事姿态和外交活动。在当今世界，向别的社会传播我们的价值观念其影响远较军事和外交有优势。如今世界各国都把对外传播自己的文化作为本国的重要工作，文化外交已成为外交大格局中不可或缺的一环。

公共外交的形式多种多样，具有极强的针对性和灵活性，这是我国所要大力发展的新外交模式。文化交流是公共外交的重要内容，是一种直接的外交形式，属于公开外交的一种。文化交流的主体如果是民间，则属于公共外交的范畴。如果文化交流的主体是双边，由政府组织文化交流团体出访或互访，则属于文化外交的范畴。

随着全球化概念的提出，“文化全球化”一词也经常出现在各种媒体。文化全球化同经济全球化一样，是一种世界发展的趋势，每个国家为了自身的利益都会不遗余力地推广自身文化，文化在全球的传播也就是大势所趋了。

非政府组织及其网络的兴起标志着“新公共外交”的崛起。新公共外交强调双向对话，将公众视为意义的共同创造者与信息的共同传递者，是“巧实力”武库中的重要工具。

任何社会都是一个有机整体，政治、经济、文化是这个有机整体的三个组成部分，三者之间既相互独立，又相互依赖。随着社会的发展，文化在社会中的地位也必将越来越重要。文化的差异是真实存在的。它不仅是人类文明社会发展的基础和原动力，也是人类文明形态的特质。文化的差异虽然会给国家的共识带来思想上的差异，但是不同的观念是存在相同点的。文化交流过程中，只要是不过分强调文化的差异，就不会引起双边的不和谐。执意将自身文明提升到“普世价值观”层面上是逆潮流的行为。文化交流是一种简单、可靠的手段。2005 年 9 月，胡锦涛主席在联合国成立 60 周年的首脑会议中提出构建“和谐世界”的理念。和谐作为公共外交的新内涵，用来缩小文化差异，维持新的秩序。文化交流也有了新的含义，那就是在平等对话的条件下进行文化的融合，并不是文化的蚕食也不是文化的摒弃，通过双方不断交流，从彼此的文化中找寻共同理念，达成共识。

而随着全球化进程的不断深入，国家形象和国际话语权越来越为国家看重，并成为影响国际关系的重要因素。国家形象是一个立体化的概念，不仅包括政治形象、经济形象，还包括文化形象、外交形象等。文化形象反映着一国的文化精神、国民素质以及历史传统，当今国际间文化交流日益频繁，文化形象在国家形象中所占权重越来越大。探索合理方式，提升国家文化形象，成为国家对外政策中的重要一项。

西方各国，尤其是欧洲国家，向来重视文化外交工作。以法国为例，法国早在1945年就成立了“文化关系司”（后改为“国际合作与发展总司”），隶属于法国对外关系部，全面负责对外文化交流活动，并在海外设立大量附属机构，形成了一个遍布全球的庞大文化输出系统。目前，法国已经与全球一百多个国家签订了文化协定，制定了文化交流计划，并在全世界68个国家开办了134个文化中心和文化学院，以及28个社会科学研究机构。这些机构涵盖文化交流的各个方面，成为法国文化输出的桥头堡。

而美国的文化外交经验同样值得我们学习。“驰名中外”的“美国之音”自不必说，1948年，美国国会通过了“史密斯·蒙特”法案，明确规定要最大限度发挥民间组织的作用，强调民间组织能做好的活动，政府部门就应避免介入，这标志着公共外交在美国取得独立地位。美国还成立美国新闻署，该署直接对总统负责，主要任务是增进对外国社会的理解，扩大与国外对话与交流，影响外国社团，以保障美国国家利益。2002年，美国又成立了“全球传播办公室”，负责对外传播，其主要工作是协调、统和政府部门间以及政府与民间的公共外交议题，为决策机构和宣传机构有效地宣传美国、美国政府，宣传美国文化，并通过传统媒体、互联网等新媒介及其他形式，影响公众舆论，为美国外交政策服务。依靠其强大的经济实力和巨大的政治影响力，美国的公共外交推广可谓是所向披靡，将其自由、民主的说辞推广到了几乎世界的任何一个角落。

就我国来说，公共外交实践和理论研究总体上都尚处于起步阶段，与西方国家相比仍存在较大差距。虽然自新中国成立以来，政府就积极推动同其他国家的文化交流等活动，但不足在于缺乏总体规划，各部门各自为政，零零散散地存在，远未上升到国家战略高度。2009 年 7 月，国家主席胡锦涛在第十一次驻外使节会议上首次明确提出“要加强公共外交和人文外交”，将公共外交作为中国总体外交的重要组成部分，公共外交成为未来外交工作的重点领域，从而也将公共外交提到了国家外交战略的高度。2009 年，外交部将新闻司原有的“公共外交处”升格为“公共外交办公室”，加强对公共外交的统筹、协调与指导工作。2010 年 3 月，外交部长杨洁篪在十一届全国人大三次会议期间阐述道:“公共外交是中国外交重要的开拓方向，我们认为公共外交现在是应运而生、正逢其时、大有可为。”除外交部之外，由赵启正担任主任的全国政协外事委员会成为推进我国公共外交工作的骨干力量。

我的文化外交实践的主要手段是文化交流，核心内容是京剧的交流。对于我来说，从无意识的文化交流，到有意识的“文化外交”，期间经历了一个漫长的过程。对整个交流行为进行可行性分析无异于摸着石头过河，即便如此，我们也要清楚这条河下面石头到底是什么样子，而这个“石头”就是西方人的思维模式。

我在进行公共外交实践活动的过程中，首先考虑的问题就是如何用西方人可以接受的方式表达自己的诉求。这里说的西方人，主要是指美国人和欧洲人。美国人和欧洲人的核心价值观基本相同。比如在奥运会申报的问题上，或很多敏感问题上，只要没有触及国家利益，美国人和欧洲人可以一致同意和支持，而且不会因为一些外界因素而改变。除非是因为国家利益让他们改变，除此之外，美国人和欧洲人不会食言。这对于解决一些敏感问题有意想不到的效果，再加上是以非官方的文化交流为途径进行的沟通，以艺术家的身份进行友好协商，大大地减少了西方国家对中国的敌意，解决问题时也是事半功倍。

京剧交流的历史

京剧与西方戏剧

京剧作为我们的国粹，具有其独一无二的艺术魅力和艺术价值，她涉及中国传统的美学、文学、哲学等各个领域。中国京剧与西方戏剧之间也有很多的相似之处，例如都具有很高的文学性，都是现实生活中人民的思考、生活、喜怒哀乐的反映，都是整个民族文化的整体代表。意识到京剧与西方戏剧的相关性，才能指导着我们如何去进行京剧和西方戏剧间的融合。

中国戏曲和西方戏剧，均具有悠久的历史。他们有着相似的起源——发端于歌舞；都是来自民间，源于老百姓；都与祭祀敬神一类的宗教仪式有着密切的关系，不同程度地表现出古代人对神的观念。希腊光辉灿烂的哲学传统，犹太民族虔诚的宗教观，这两方面对于西方戏剧发展的影响甚为深远，也正因为在这样的背景下，戏剧才能达到崇高与理性的层面。中国哲学思想平易，宗族人伦观念强，正因如此，中国戏曲才更加强调人与人之间的关系。儒家思想中关于礼乐的教化意义，更是深入国人的骨髓。

无论是中国戏曲还是西方戏剧都是以众多元素构成的综合艺术，其构成的基本要素是：演员、剧本、观众和戏剧演出的剧场。其中演员是基本要素，由演员扮演剧中人物和表演剧中情节是戏剧艺术必不可少的条件。戏剧冲突的构思、戏剧情节的展开则来自剧本。而戏剧得以呈现的空间是剧场，有了剧场，观众才能观看演员的演出，剧场的出现与改善，是戏剧形成、发展的一个标志。在原始“戏剧”出现时，演出的地方都是在神坛、庙宇或祠堂附近的广场。后来，演出的地点逐渐专业化。剧场里，戏楼下，观众不仅是被动的欣赏者，还常常影响演员的情绪、表演的效果，成为刺激和促进戏剧创作的积极因素。

中国戏曲比之西方戏剧虽然形成较晚，但其“高台教化”，是在感知的领域，通过情感的沟通，达到理性的目的。正如古人所说：“借离合之情，写兴亡之感。”儒家、道家、佛家的哲学思想在中国影响深远，这些也反映在中国戏曲之中。如儒家所讲的“中庸之道”，在戏曲艺术中就成为“中和之美”。

西方戏剧在这方面，和中国戏曲并无不同。人们还会发现，欧洲的戏剧在哲理性方面更为突出，这与西方人重理性有关。从希腊、罗马戏剧到莎士比亚、歌德的戏剧作品即是典范。19世纪之后，西方戏剧哲理化的色彩更浓。萧伯纳、皮兰德鲁、布莱希特、舍特等人，就是戏剧哲理化的代表人物。

古希腊的戏剧也是把歌唱、朗诵、舞蹈糅合到一起。后来随着戏剧的不断发展变化，分成了话剧、歌剧和芭蕾。法国戏剧家布莱希特借鉴和吸收中国戏曲的营养，完善和发展了他的新型戏剧观，提出间离效果论，打破单一对话的话剧传统，加入歌唱的成分。随后“露天剧场”的剧作家格林把音乐、舞蹈、笑剧、壮观场面等，组织在同一戏剧故事结构之内。1961年底，国际戏剧协会在法国普罗旺斯省埃克斯市召开了“总体戏剧”国际会议，提出在戏剧中汇合话剧、歌剧、舞蹈、民间歌舞、歌唱、马戏等多种元素，用一种新的戏剧形式来吸引新一代观众。令人欣慰的是，西方戏剧的这些动向，不是要倒退回古希腊戏剧去，而是向新的意境发展。同时，也反映出西方戏剧界一直在研究、借鉴中国戏曲艺术的综合性、写意性、丰富性，以吸引更多的观众。

由于自然观的不同，中西艺术观也不尽相同。在道源思想的影响下，中国以写意艺术观为主导。而在西方，受“重物”、“重理”哲学思想的影响，以写实艺术为主导。“写意”艺术和“写实”艺术一样，都是把“真”作为创意的基础。区别在于“写意”对于客观形象不是一种“模仿”，而是一种“再创造”；艺术家不是完全服从于形象，而是在创造中化被动为主动，令形象服从于艺术家的立意。于是，为了人物形象的传神写意，生活的语言被诗化成唱词，生活的动作被规范成“行当”和“程式”，甚至把人的气质提炼成脸谱。

西方写实艺术，对于物本体，重在以物理的眼睛力求再现对象的实像；对于表现大自然，排除假定性，重实而非虚，重露而非藏，力求通过真实再现有限的典型环境来逼真地再现生活。西方戏剧在人物刻画、舞台美术、音响效果诸方面无不如此。

人类戏剧活动遵循两条规律：一是在全世界通行，以话剧为代表的“逼真地再现生活”的体验艺术派规律；一是中国戏曲的“诗化地表现生活”的以程式化歌舞演故事规律。这两个各自独立的体系并世而主，无一个堪称万能，当两个体系正式敞开大门，接触交流之后，彼此的对抗、渗透、借鉴、竞争、互补，也就一直没有停息。国外的布莱希特、梅耶赫德，国内的黄佐霖、焦菊隐等，对中国戏曲的吸收、借鉴十分大胆、敏锐、开放、适时，因之大受其益。布莱希特 1935 年在莫斯科看了梅兰芳大师的演出后，深深着迷，大加赞美，这影响了其戏剧观的形成。此后他在编剧、导演上不同于斯坦尼斯拉夫斯基，反而和中国戏曲很接近。梅耶赫德看了中国戏曲演出后，尤为振奋，感到应该把原先做过的统统来一番改造，并预言若干年后，将会出现西方戏剧艺术和中国戏曲艺术的某种结合。显然，两位大师在理论和实践上都受到了中国戏曲的影响。“南黄”、“北焦”两位大家也在话剧导演实践中大胆吸收了写意戏曲观，并取得丰硕成果。改革开放后以京剧导演马科为代表的一批青年戏剧家，在自己的艺术实践中，大胆借鉴了体验派的理论与经验，取得很大成功，引起强烈反响。

中国近几十年来的戏剧发展史，如果从表演的角度来看，可以说是中西戏剧经验相结合的历史。而正是这些沉甸甸的历史给我的前进之路注满了力量。

中国戏曲海外传播

中国戏剧不仅是世界文化百花园中的一朵灿烂奇葩，更是全人类共同的精神财富。这朵奇葩自诞生之日起，不断分枝散叶，直至枝繁叶茂，成就了春色满园的盛景。春色满园之际，自有“一枝红杏出墙来”，这“出墙红杏”，便是指中国戏剧艺术的对外传播。

作为一个京剧演员，我最看重的，仅仅是这一枝红杏中的一朵，即京剧的对外传播之路。

说京剧的对外传播，就不得不从京剧的起源开始。乾隆年间，为给乾隆皇帝庆生，来自南方的四个徽剧班：三庆班、四喜班、和春班、春台班（称为“四大徽班”）陆续来京演出。第一个进京的徽班是以唱“二黄”声腔为主的“三庆”，由于其声腔及剧目都很丰富，逐渐压倒了当时盛行于北京的秦腔。许多秦腔班演员转入徽班，形成徽秦两腔的融合。随后，另外三个徽班：“四喜班”、“春台班”和“和春班”也来到北京，使盛行多年的昆剧逐渐衰落，昆剧演员也多转入徽班。

到道光年间，湖北戏曲演员进京，湖北的汉调（楚调、西皮调）传入北京。许多汉调艺人加入徽班，与徽班同台演出，逐渐吸收昆曲、秦腔的部分剧目、曲调和表演方法，形成了西皮与二黄合流，形成所谓的“皮黄戏”。由于身处京师，此时形成的皮黄戏又受到北京语音与腔调的影响，有了“京音”的特色。至咸丰年间，京剧逐步定型。其突出特点在于曲调板式完备丰富，超越了徽、秦、汉三剧中的任何一种。

20世纪初，京剧步入成熟期，此时的京剧界可谓是人才济济，代表人物为时称“老生后三杰”的谭鑫培、汪桂芬、孙菊仙。其中尤以谭鑫培对京剧的贡献最为突出，他发扬程长庚、余三胜、张二奎各家艺术之长，又经创造发展，京剧日臻成熟。

此后，优秀京剧演员大量涌现，呈现出群星璀璨、流派纷呈的繁盛局面，京剧发展进入鼎盛时期。1927年，北京《顺天时报》举办京剧旦角名伶评选，最后由读者投票选出“四大名旦”：梅兰芳（代表作品《太真外传》），尚小云（代表作品《摩登伽女》），程砚秋（代表作品《红拂传》），荀慧生（代表作品《丹青引》）。四人均技艺超群，却又各具特色：梅兰芳端庄典雅，尚小云俏丽刚健，程砚秋深沉委婉，荀慧生娇昵柔媚。“四大名旦”脱颖而出，是京剧走向鼎盛的重要标志。

鼎盛时期的京剧开始走出国门，20 世纪 30 年代以后，京剧对外传播进入繁荣期。梅兰芳、程砚秋等表演大师相继出访西方各国，“国粹”逐渐为外人知晓。

谈到京剧的对外传播之路，第一个要说的人必然是京剧表演大师梅兰芳。作为“四大名旦”之首，梅先生真正称得上“德艺双馨”。他不仅在艺术上不断探索、精益求精，更对京剧在海外的传播做出了难以磨灭的贡献。

日本与中国一衣带水，两国间文化交流活动十分频繁。日本不仅深受中国传统文化影响，对中国艺术也是情有独钟。1919 年，梅兰芳赴日演出，访日期间，演出了《天女散花》、《御碑亭》等剧目，引起巨大的反响。1924 年，应东京帝国剧场经理大仓喜八郎的邀请，梅兰芳再次率团访日。两次日本之行，无数日本人为大师高超的技艺折服，为京剧的魅力深深吸引，甚至在日本掀起了一股听戏学戏的热潮。此后，又有黄玉麟、小杨月楼等人赴日演出，京剧的东瀛之旅由此拉开序幕。

与深受中国文化影响的日本不同，远居大洋彼岸的美国对中国戏曲却是所知极少，甚至很多西方人都以进中国戏院为耻。

1915 年，梅兰芳在美籍教职员联欢会上演出了《嫦娥醉酒》，京剧才开始为西方人所注意。当时的美国驻华公使芮恩施在看过梅兰芳表演之后便喜欢上了京剧，在离任前的饯别宴会上，他告诉梅兰芳："若欲使中美国民感情益加秦山，最好请梅兰芳到美国表演他的京剧艺术给美国人看，必得良好结果。"

1930 年 1 月，梅兰芳带团赴美。2 月 8 日到达纽约，受到了当地人的热烈欢迎。梅兰芳在其自述中提到了当时的盛况："车站上看热闹的人甚多，由警察维持秩序。""两旁的观众有脱帽的，摇手绢的，更有许多抛鲜花。""新闻记者纷纷摄影"，"当天和第二天的报纸都登了照相和新闻"。

2 月 27 日，剧团在纽约 49 号街剧院首演，引起轰动，一时一票难求。剧团成员不辞辛苦，连演两周，连大名鼎鼎的派拉蒙公司都专门派人到剧场拍摄演出盛况。随后剧团一鼓作气，旧金山、洛杉矶、夏威夷一路演来，场场爆满，到场的美国人无不被京剧的魅力所俘获。

除演出外，梅兰芳广泛结交美国艺术界人士，戏剧之王卓别林、著名导演维克多·弗莱明、演员道格拉斯·范朋克等人都曾与其交流。京剧不仅征服了美国人，更引起美国学术界的重视，梅兰芳也因此被波摩那大学和南加州大学授予荣誉文学博士学位。

梅兰芳的美国之行获得了巨大成功，这既得益于大师个人精湛的艺术修为，也得益于京剧的别样魅力。此后，梅兰芳又

1930年梅兰芳在美国期间会见了电影大师卓别林

1935年，梅兰芳赴苏联演出期间与艺术大师斯坦尼斯拉夫斯基合影

20世纪50年代，叶盛兰（左二）与卓别林夫妇在瑞士

率团赴苏联演出交流，整个莫斯科为之疯狂，连斯大林都亲自到场观看。后来，国民政府驻苏使馆给外交部的电报中说：梅兰芳在苏联国家大剧院的演出，是“外国戏剧家来俄者所未有之荣誉”，演出影响之大可想而知。

梅兰芳是当之无愧的京剧大师，他对京剧发展、对京剧走出国门做出的贡献当为每一个中国人铭记。

欧洲戏剧历史悠久，文化氛围浓厚，也是京剧出国的“必经之途”。1932 年，京剧大师程砚秋出访欧洲，对西方戏曲进行考察，他也因此成为第一个专门赴外国考察的京剧表演艺术家。程砚秋此次欧洲之行历时一年有余，范围包括苏联、法国、意大利、瑞士等国家。考察期间，程砚秋收集了大量的西方戏曲音乐资料，并于回国后撰写了《赴欧考察戏曲音乐报告书》一书。

1932 年 1 月，程砚秋等人到达巴黎，受到了法国国家大剧院秘书长赖鲁雅的热情接待。在他的介绍下，程砚秋结识了巴黎众多戏剧家、音乐家以及研究东方文化的学者。程砚秋还会见了当时法国著名的戏剧家兑勒。兑勒对中国戏曲特别感兴趣，程砚秋还将京剧脸谱作为礼物送给了这位戏剧家。

此次考察还有一个有趣的小插曲，当时程砚秋去参观位于巴黎的国立戏曲音乐学校，那时的西方对中国戏剧艺术了解很少，艺术学校的音乐陈列室里，代表中国的乐器只有一把胡琴。程砚秋触景生情，当即对校长说：我们中国的乐器，并不如此简单。将来有机会，我送几样重要的乐器来，请您陈列吧。

应里昂中法大学校长孙佩苍的邀请，程砚秋于1932年8月参观了该校。在学校的欢迎会上，程砚秋应邀演唱，技惊全场。里昂《进步日报》这样描写程砚秋的表演："用一种乐器名胡琴者伴奏着，以圆润的歌喉，圆润的心情，作尖锐而又不用谈话的声音歌唱……为吾人向所未闻的声音。"

程砚秋的欧洲之行不仅带回来大量欧洲戏曲音乐的资料，丰富了京剧艺术，推动了京剧的发展；更将中国的国粹介绍给了西方人，在中西方戏剧艺术交流史上留下了浓墨重彩的一笔。

新中国成立之后，党和政府十分重视文化艺术事业，京剧发展迎来新的阶段，京剧的对外传播也迈上一个新台阶。在文化部等单位的组织之下，中国京剧院、北京京剧院、上海京剧团等剧团开展了大规模的京剧对外交流工作，交流范围不仅覆盖美国、日本、英国、法国、加拿大等大国，还包括南美洲、朝鲜半岛以及亚洲其他国家，越来越多国家的人开始接触、了解中国"国粹"，京剧票友更是遍布全世界。

京剧走出国门，不仅促进了京剧的繁荣发展，而且推动了中西方文化艺术的交流和合作。京剧与其他艺术形式一道，成为国家对外交往的有效手段以及改善中国与他国关系的有力杠杆。

欧　洲　篇

打开美国大门，首先打开欧洲大门

欧洲和美国一直是资本主义阵营中的核心力量，是公共外交的重点对象，也是中国公共外交最需要“拉拢”的伙伴。而我的文化交流之行，也正是从欧洲开始的。

公共外交实践过程中，特别是在文化交流前，需要对整个形势进行深层次的认识研究。

首先，文化交流的核心是文化，美国和欧洲因为历史不同有着不同的文化，而究其根源可以发现其共同特点。美国是从欧洲的殖民地脱胎而出的新兴国家，自身没有太深的文化背景。美国的文化历史大抵分为三个时期：认同自我的欧洲化、塑造自我的美国化、表现自我的国际化。美国早期文化是新移民在继承欧洲传统的基础上在新大陆不断创新的结果。一直到20世纪以前，美国社会文化的主要因素还是来自欧洲尤其是西欧的文化成分。后来进入国际化时期，美国文化同时在影响着欧洲的主流文化。这使得美国的主流文化跟欧洲的主流文化在一定层面上保持了一致。换句话说，美国文化中有着欧洲的主流文化因素，而欧洲文化中也有着美国的主流文化因素。欧洲和美国对文化的认识虽然千差万别，但是对于戏剧文化则看法一致。全世界最受认可的文化就是戏剧文化，在欧洲，人们认为戏剧文化是永久的文化，而这种观念深深影响着美国人。对于美国相对发达的电影艺术和其他快餐文化，欧洲人和美国人都普遍认为那只是暂时的文化，难以长久。这种对于戏曲文化的认可和重视，为京剧的文化交流的成功奠定了思想基础。

其次，文化交流有其特殊性。京剧是一种传统戏剧，只有得到欧美的传统戏剧文化中心的认可，才能达到更好的公共外交的效果。只有在传统戏剧文化中心做得轰轰烈烈，不管是美国人还是欧洲人，都会认可京剧，就像认可他们传统戏剧文化一样。

匈牙利是裴多菲、李斯特等艺术大师的故乡，具有浓厚的艺术氛围。匈牙利人视戏剧为非常高雅的艺术，把看戏当作最美妙的享受，剧院是最能体现他们文化修养和审美趣味的重要场所。

于是，我就把我的第一站定到了匈牙利，虽然没有荆珂“风萧萧兮易水寒，壮士一去兮不复返”的豪迈，但我也为自己写下了口号：“要打开美国的大门，首先打开欧洲的大门！要打开欧洲的大门，首先打开匈牙利的大门！”

情系匈牙利

1991年10月，我和先生叶金森应匈牙利布达佩斯室内剧院院长米克洛什·须茨和艺术总监奇思马迪阿·蒂博尔的邀请，赴匈牙利表演和讲学。

那时候，我感觉身上担负着很重的担子，心里也顶着不小的压力。毕竟面对一群酷爱戏剧的匈牙利人，给他们讲授、表演中国的国粹京剧，文化的差异加上天生语言的不同，他们观看以后的效果和反应都是未知数，这些都使我忐忑不安。而且，我当时是代表中国文化部和中国京剧院出国交流，这么一个身份既殊荣却又担负着沉甸甸的责任。表演的成功与否直接关系到京剧甚至是国家在匈牙利人心中的形象。我能做的就是讲好每堂课，演好每场戏。

一下飞机，踏上匈牙利这片土地，看着周围这陌生的风景，却没有陌生感。像是冥冥之中上天注定的安排。或许我真的与这片土地有缘分，只不过当时并没想到这一待就是9年。

匈牙利是中国人民的老朋友，是最早承认中华人民共和国的国家之一，两国一直保持着良好的友谊。在中国抗美援朝、争取国家统一、恢复我国在联合国席位及西藏等问题上，匈积极支持中国立场，之后由于中苏关系的恶化，中匈的双边正常国家关系逐步恶化，高层往来终止。直到1984年的破冰之旅，再到1991年的双边关系的全面突飞猛进，邦安才恢复正常。那一年，钱其琛外长访匈，文化部与匈文教部签署了两国科学、教育和文化的合作计划。中国国家体委代表团访匈并签署了两国体育交流议定书。我们代表团作为文化交流活动的一部分，来到了匈牙利这片土地。

我到匈牙利后进行的第一个活动是给匈牙利戏剧家讲解什么是京剧。首先安排的是相互交流，然后开始授课。一节课很快就结束了，即便如此，我和先生叶金森在这之前的晚上彻夜未眠，一直在琢磨和研究怎样在最短时间内让匈牙利的戏剧家们对京剧感兴趣。

欧洲人惜时如金，如果在短时间内没有把他们带进京剧的“艺术殿堂”，他们可能会不假思索的转身离去。所以，我给自己定下了一个“三分钟准则”：通过多种表达方法，三分钟之内让他们感受到京剧的魅力，提起他们的兴趣，激发他们的求知欲，使他们爱上京剧的美。此时此刻，我就如同一位熟知梨园胜景的导游，将听众不知不觉地引入了京剧艺术的百花园中，只觉一片锦绣，美不胜收，惊叹世界上竟有如此奇妙的艺术。

事实上，我确实做到了。看着一帮德高望重的艺术家下课缠着我，紧紧簇拥在我身边问这问那，心里那种骄傲和自豪溢于言表。

还有一次，我应邀给匈牙利戏剧家联盟的戏剧家们讲课。开场仅一分钟，匈牙利的国宝级人物、欧洲现代版的卓别林、世界著名的喜剧家皮特携夫人亲临现场听我授课。霎时，我的脑海里闪过一个念头：如果能得到这位喜剧大师的认可，对我在匈牙利的戏曲传播会有很大的帮助。于是，我就把侧重点放到身段上，从身形入手，一点一滴，一分一寸。几分钟以后，老人家点点头笑了。此时，我心里的一块石头落地了，我知道我已经得到了他的认可。在接下来的一个半小时中，大师一直不间断地问我问题，把他所有想知道、想了解的全都向我提了出来，我一一细致地作了回答。最后，讲座延长到了整整四个小时。

正如我当时所想，皮特大师是匈牙利的功勋演员、永远不退休的艺术家，享受着国家级永久待遇的大师给我捧场引发了社会轰动。他的认可，带领了所有主流社会对我们的认可。

报纸、媒体铺天盖地地对我以及我所带来的京剧给予了报道，《太阳日报》头版整版刊登了我的一幅彩色剧照。在那个年代彩色报纸还很稀缺，而《太阳日报》主编的一句话："黑白展示不出她的美"道出了匈牙利人民对京剧的热爱之情。随后，电视台对我进行了专访。我在采访里对京剧进行了系统的阐释，并进行了小段表演。随后，匈牙利收视率最高的早间新闻用了很长的篇幅对我的演出、排练、演讲等进行了全方位的报道，担任解说员的正是匈牙利布达佩斯剧院室内剧艺术总监奇司马迪阿·蒂博尔。

报道引发的轰动效应一直持续了很久。有时候我也在想，在一个欧洲的国度，一条条陌生的大街贴满了一张中国人的面孔，每个人的话题中总是善意的带着“CHINA”，这是件多么美妙的事情。

国庆招待会

大使馆每年都有举办国庆招待会的惯例，旨在增进各方面的友谊，共同为祖国庆生。

1991年9月末的一个上午，我突然接到中国驻匈牙利大使馆大使的电话，邀请我与先生叶金森参加10月1日早餐招待会。我和先生此次匈牙利之行只作短期交流，按照以往的经验是不会出现在招待会名单中的，而应邀参加此次招待会不仅充分地体现了国家对于文化交流的重视，同时也间接表明我的文化交流之旅在匈牙利所取得的成果。这不仅仅是一次聚会，更是一项艰巨的政治任务，是如何将之前单纯的文化交流上升到外交层面的最有利的舞台。我一定要把握住这次难得的机会。这次招待会我要通过文化沟通去展现个人的社交能力，以此来发展高层人脉，必要时为了国家利益而去使用这些人脉。

清晨薄雾还未散去，我和先生驱车前往中国驻匈牙利大使馆。那天，我做了精心的打扮，宝蓝色真丝旗袍镶着珠子，将东方的典雅和西方的宫廷贵族气质充分地展示出来。一言一行、一颦一笑透出的艺术家气质，仿佛台风眼的中心平静而又细腻，引发了四周羡慕的目光。所谓美女，应以花为貌，以鸟为声，以月为神，以玉为骨，以冰雪为肤，以秋水为姿，以诗词为心。

而我则以戏曲为心，这颗以戏曲为心的东方女子能否打动出席这次国庆招待会的宾客，我着实有不小的压力。

出席国庆招待会主要宾客是各个国家的大使，包括美、英、德、法等驻匈牙利大使。我自知肩负的任务和身份，尽量做到收放自如，避免过于张扬，于是我找了一个僻静角落，静静地站在那里。

正如我所料，每个人都主动过来跟我攀谈，而聊天的内容无外乎一个主题：京剧。我有些低估了新闻的威力。毕竟京剧是中国一个长久以来存在于人民生活中的剧种，在国外产生的新闻效应并不高，况且在语言不通文化不通的异国他乡？就算是用整版的报纸去报道，（即便匈牙利媒体对此做了全面的报道）依然只是对京剧进行浅层次的介绍。这能够激发西方人多大的兴趣？实践证明，我确实大大低估了外国人对于京剧的兴趣。京剧的美，并不仅是中国人私有的财富，西方人依旧可以感受到京剧带来的威严和魅力。随着经济全球化的发展趋势，文化作为一个国家的软实力已经成为一种不容忽视的伟力。“提高国家文化软实力”，这不仅是我国文化建设的一个战略重点，也是我国建设和谐世界战略思想的重要组成部分，更是实现中华民族伟大复兴的重要前提。京剧作为我国的“国粹”，是西方世界了解中国的一扇窗户。作为中国戏曲最高成就的京剧需要在世界戏剧格局中谋求自己的一席之地。京剧是中国的，京剧更是世界的。

一会儿功夫，整个会场的话题全都变成谈论京剧，每个人都在谈观看京剧后的感想。一种成就感和荣誉感油然而生，这是京剧的力量。我的周围站满了四方宾客，他们或举杯向我致意，或向我提出问题。

一位来自德国的官员问我：为什么京剧中演员的脸都是花花绿绿的？我从容地回答：在人的脸上涂上某种颜色以象征这个人的性格和特质、角色和命运，是京剧的一大特点，可以帮助理解剧情。简单地讲，红脸含有褒义，代表忠勇；黑脸为中性，代表猛智；蓝脸和绿脸也为中性，代表草莽英雄；黄脸和白脸含贬义，代表奸诈凶恶；金脸和银脸是神秘，代表神妖。他又笑着追问说：那我脸上该涂上什么颜色呢？我则反问他：你喜欢什么颜色呢？他说：红色。我笑着对他说：那就红色吧。顿时会场里爆发出爽朗的笑声，他们对我的机敏和幽默赞叹不已。这时又有人问我：什么叫做京剧的手势？他们觉得我的手势非常美，有种东方大陆的神秘之美。于是，我就做出了一个兰花指的手势，然后接着比划哪个是开的骨朵，哪个是半开的骨朵，我说："你们可以去看看白玉兰花，我手指的指型就是那样。"在一片称赞声中，每个人都在试图学习兰花指的样子。我接着对他们讲，手势在京剧中在地位是非常重要的，我以《玉堂春》为例做了一一阐释。《玉堂春》是中国传统经典剧目，全剧包括《嫖院》、《庙会》、《起解》、《会审》、《探监》、《团圆》等折，几乎囊括了京剧旦角西皮唱腔的全部板式，尤以《女起解》、《三堂会审》二折精彩备至，声腔艺术成就极高。演员要在戏中跪着唱五十多分钟，全凭身上的动作和手势来表达人物的内心，从而把故事的情节展现出来。接着我又说："京剧旦角常用手势就五十多种：天地日月夜，风云雷雨雪；山水石鱼浪，草木鸟花香；你我来去转，不开关避眠；美蓉眼胸膀，皮眉口心拳；茶酒饭筷碗，哭笑羞怒酸。"他们听到这个都惊呼上帝，目光中投来崇敬之情。这是我永生难忘的一幕。

我在宴会中进行着快乐的"讲演"，大使们也听得津津有味，这时戴博纳先生从人群里挤了过来，在我耳边悄悄说了一句："孙萍，总统过来了。"我一下子没有听明白，因为在这之前使馆的工作人员说总统不会来参加。所以，我并没有在意，依旧在教大使们手势和手势的含义。

初识总统

1990年5月2日至2000年8月4日期间，根茨·阿尔帕德担任匈牙利总统，是匈牙利共和国第二任总统。根茨·阿尔帕德是个直率的人，性格温和，人称"忠厚长者"。他兴趣广泛，话题多，所到之处总是谈笑风生。根茨总统曾参与1956年匈牙利事件，1958年作为纳吉政府的副手，他因"企图推翻人民民主国家制度"被判处终身监禁。在狱中，他开始学习英语并从事翻译工作，后来一度成为专业文学翻译和自由职业作家，获得过匈牙利的约热夫·奥蒂洛文学奖，1989年因翻译英国文学作品获英国惠特兰奖。东欧剧变后，根茨曾表示：“我不称自己为职业政治家，我是集政治家与作家于一身。现在匈牙利所发生的事情实现了我的政治梦想。”根茨·阿尔帕德总统的文学素养使得他身上散发着儒雅的气息，使他在民众当中的个人威望特别高。1989年匈牙利国内发生剧变，匈牙利政府将加入北约和欧盟作为外交重点，外交政策以“西靠”为主，中匈双边交往一度减少。之后，中匈两国政府试图缓和双边关系，通过公共外交手段，建立起教育、文化、科技、体育等交流项目。但作为刚刚上任一年的总统，根茨·阿尔帕德在外交层面上是不适宜出席中国大使馆的国庆招待会的。而且前一年也没有出席，所以，1991年的国庆招待会没有人会想到总统会来。

然而，他来了。

当时我正在兴致勃勃地教大使们手势，有人用手敲了敲我的肩膀。我扭过头去，只见身后站着三个人，一位是大使，一位是戴博纳先生，还有一位西装革履气度不凡的老人。老人的眼神里透出一种坚毅的光，就像鹰的目光，既睿智又敏锐，仿佛一眼就能把我看透。但是这并不会给我带来压迫感，反倒给我一种亲切感，深邃的目光，高耸的鼻子，略微谢顶的大脑袋，微笑着站在我面前的这位老人就是匈牙利总统——根茨·阿尔帕德。可我当时并不知情。

戴博纳先生及时向我做了介绍，他指着这位老人说：“孙萍，这是我们的总统先生，根茨·阿尔帕德总统。”

我愣了。总统猝不及防的到访使我愣愣地站在那里。我只在电视和照片中见过总统，突然看到眼前这位老人，一时竟无法辨认，呆呆地站在那里，手足无措。此刻，我还在比划着那些手势，手停在了半空中，像一座雕像。时间仿佛瞬间凝固，周围喧嚣的声音全都静寂下来，我只能听到自己的心跳，“咚、咚、咚、咚……”，脑子里面一片空白。

这时候，大使的声音打破了寂静，他略带兴奋地向我介绍说：“这是总统先生。”这时我才回过神来，马上正过身，收起停在半空中的手势，面朝着总统先生，尴尬地伸出手向他致意：“非常高兴认识您，总统先生。”

根茨·阿尔帕德目光如炬。我过后几经思索，才探寻出总统先生目光中透出的深意，他早就把我了解透彻了：他是冲我来的。

根茨·阿尔帕德总统看到我伸出手，也笑着伸出了手。总统说：“我知道你是一个京剧艺术家，我看了你的介绍，看了你在电视的访谈，看了报纸对你的报道，见到你我非常高兴。”听到总统这番话，我顿时心潮澎湃，激动万分。一位国家元首，在没有得到热情接待的时候，依旧保持翩翩风度，这份气度值得学习。

后来，我把先生叶金森向总统先生做了介绍。总统先生马上说：“我见过他。”一种笃定而亲切的语气，使我和我先生心里涌起一股暖潮，像是找到了家的感觉。

总统先生接着说：“中国京剧文化是很伟大的，我希望你当我的国民。”这次我又愣住了，当他的国民意味着要拿匈牙利的护照，成为匈牙利的国民，意味着离开祖国的怀抱。我深爱着我的祖国，我的祖国有着太多令我骄傲的东西，离开祖国的怀抱是我万万做不到的。我最爱的京剧事业，就像一颗小树，只有根植在中国这片肥沃的土地上才能枝繁叶茂，开花结果。离开祖国，我将一无所有。我不知如何回答这个问题，这是我第一次遇到的外交难题。既要做到不得罪对方又要不失礼貌地拒绝掉。“该怎样礼貌地拒绝他呢?”我在心里默默地找着各种托词。这时，我想到了大使，或许他能帮我解围，于是我把目光落在了大使身上。大使面露难色，似乎在说：这件事情你得自己解决，我也无能为力。

“我当您的荣誉国民吧!”我脱口而出，“我很荣幸能够成为您的荣誉国民。”这样既表明了态度，又使得总统先生不至于尴尬。

这时，总统先生说出了令在场所有人吃惊的话：“你当我的荣誉女儿吧。”这就是所谓的政治敏锐性和反应度。

“你当我的荣誉女儿。”

“很高兴能成为您的荣誉女儿。”

“中国的荣誉女儿。”总统先生转向大使，开心地说出了这句话。大使应声附和。

“我的中国荣誉女儿。我对中国很陌生，不够了解。”

“中国地大物博、幅员辽阔，有很多美丽的地方，有很多值得介绍的地方，就像京剧，是中国文化里面最具代表性的东西……”

“我跟我的女儿照一张相。”总统先生深情地对我说，俨然他已经把我当作他的中国女儿了。一张历史性的照片定格在那里。我，戴博纳先生，根茨·阿尔帕德总统，叶金森。这张照片是我第一张同总统的合影，而且也是转载率特别高的一张照片，包括匈牙利和中国的报纸。本来我被总统称为“中国的荣誉女儿”，在媒体的报道中，“总统的女儿”、“总统的中国女儿”的词儿铺天盖地，都在随意发挥。

合影结束后，总统先生跟我寒暄几句就离开了。

我与根茨·阿尔帕德总统先生的第一次见面就这样结束了，从他出现到离开不过短短的五分钟。其他与会人员得到了总统到来的消息，几乎所有人都在使馆里找寻总统的踪迹，但是总统先生早已离开。

这件事并没有想象中那么简单。迄今为止，匈国最高元首参加中国大使馆的国庆招待会从未有过，这是一件值得纪念的大事件。当时匈牙利已经转变体制走向资本主义道路，一个资本主义国家的首脑来参加社会主义阵营的国庆招待会，这件事本身的意义就很大。

这件事从另一个侧面反映出公共外交的实质。公共外交不是单向灌输，而是注重通过双向交流，达成理解和共识。文化外交和跨文化传播中，各国不同的文化在相互交流、沟通、学习中促进，以此达到增进各国人民的相互了解、理解，培养了国家间的共识、公认和互信。我们无法通过外交手段使得一个总统心甘情愿地参加中国国庆招待会，而通过文化交流等手段则可以达到意想不到的结果。

很多人都佩服我的表达沟通能力，因为我总能在很短的时间内引起别人交流的兴趣，这一点在和西方人交往时尤为明显。在和西方人交流时，首先要做的是如何克服不同文化背景和认知结构的障碍，这是一种沟通能力，准确地说，是跨文化沟通能力。

斯皮茨伯格（Spitzberg）曾提出过判断跨文化沟通能力的两个标准：有效（effectiveness）和得体（appropriateness）。斯皮茨伯格认为："得体指在关系中看重的规则、规范和预期没有被严重违反。有效指相对于成本和替代方案的所看重的目标或汇报的获取。"我们也可以用这两个标准来衡量我们日常的跨文化交流活动。得体往往是有效的前提，如果自己的言行被他人视为冒犯，那根本就不可能有效。但仅仅得体却也不一定有效，专业的外交官们熟知外交礼仪，言行必然得体，但往往因为身份受限，只能机械地使用外交辞令"打太极"，难以取得有效的沟通成果。

作为一个艺术家，我在和外国人交流时可以说具备"先天优势”。西方人热爱艺术，对艺术家十分尊重，而多年的文化交流经验又使得我熟知西方礼仪和文化，“得体”自是不在话下。而艺术家的身份又容易赢得他人好感，再加上我善于“讲故事”的天赋，与西方人沟通往往能取得意想不到的效果，与匈牙利总统的交流只是其中一个例子。

无论是跨文化交流，还是其他类型的公共外交，我们面对的都是外国人。这就需要我们注重提高自己的跨文化沟通能力。跨文化沟通能力的培养，至少需要从三个方面入手：充足的知识储备、富有技巧的行动以及合理的动机。

充足的知识储备是有效沟通的前提。知识储备不仅仅要总量充足，还要结构合理。我们既要对对方的传统、文化、宗教、社会等有所了解，还需要具备某一方面的专业知识，以便在交流时寻找“共同话题”。拿我来说，我是京剧演员，我在和西方人交流时往往将京剧和中国文化作为话题，西方人本来就对这两样东西特别感兴趣，他们马上就被我吸引过来了。

当然，充足的知识储备是一回事，如何恰当地运用这些知识又是另一回事，这就需要我们的一言一行要掌握足够的技巧。很多专业外交人员容易犯的一个错误，就是墨守成规，囿于老套的外交辞令，而在技巧上有所欠缺。很多西方人喜欢听故事，喜欢具体的例子，而不喜欢空洞的说教。我在和西方人沟通时，往往习惯从讲故事开始。比如我跟他们讲京剧，就会从某段具体的戏开始，边说边比划，边比划边唱，他们在不知不觉之中就被我吸引，被京剧和中国文化吸引了。

前面两条算是手段，而所有的手段都是为一定的目的服务的，我们最后的落脚点还是合理的动机。中国是一个负责任的大国，在和他国交往时，往往都是本着双赢的动机去做的。但即使是这样，我们也会有被误解的时候，这就需要我们寻找合适的场合、以合适的方式澄清我们的动机和立场。需要注意的是，即使是表明动机，也需要讲究策略。比如我邀请匈牙利总统访华，就是以一个艺术家的身份在“不经意间”完成的。

拜访总统

由于总统先生在国庆招待会上的突然现身，中匈关系得到进一步发展。

总统先生在中国驻匈牙利大使馆的国庆招待会上临走时对我说：“你跟我联系，我要跟你见面。”并把秘书的电话号码留给我，而我则把我的电话号码给了戴博纳先生。招待会结束后，我把总统先生要求我去拜访他的事情告诉了大使，大使极力支持。随后我与戴博纳先生取得联系，并让他帮我与总统约好时间。戴博纳先生热心地为我的事情忙前跑后。

随后，总统办公室打来电话，希望我能在14号早上9点到国会总统办公室去拜访总统先生。我马上请示大使馆，并得到了大使馆的批准。大使千叮咛万嘱咐：一定要做好准备，与国家元首会面一定要注意言行，因为你的一言一行代表的是中国。

拜访前夕，我与先生早早地做了细致的准备。上午，在戴博纳先生的带领下，我们一行前往根茨·阿尔帕德总统的官邸。

当车子缓缓地停在位于多瑙河畔的匈牙利国会大厦时。一座规模宏大的哥特式宫殿建筑群展现在我的面前，这是匈牙利最负盛名的建筑，是布达佩斯的象征。戴博纳先生向我们介绍着匈牙利国会大厦的基本情况，我和先生则沉浸在这些高耸瘦削的建筑群带给我们的强烈冲击中。那些尖肋拱顶、飞扶壁、修长的束柱，营造出轻盈修长的飞天感，神秘、崇高。国会大厦中心圆形拱顶高高耸立，前方左右两边各有一个哥特式的白色大尖顶，周围是22个小尖顶。建筑风格跟中国的建筑差别很大，它没有台廊、走廊，直接采用大面积排窗设计，有细长的柳叶窗，也有圆形的玫瑰窗。大厦依旧保留着哥特式建筑的花窗玻璃，不过只是在窗户的四周，这样既保证了采光性，又使得整个建筑神秘璀璨。

我们一边欣赏着这些美丽的建筑，一边与戴博纳侃侃而谈。哥特式建筑还有一个特点就是层层向内推进的门，镶刻着大量浮雕，我们深深地被这些随处可见的艺术吸引。在此之前我并没有见过如此宏伟的哥特式建筑，真是不枉此行。

国会大厦内部分为两个巨大的区域，一边是负责行政管理的总理区域，一边是总统区域。漫步金碧辉煌的圆形大厅，我感受到异域的浪漫主义情怀。

在经过了更衣室、候客室、休息室、侍卫室、秘书室等几道门之后，最后到达总统办公室。我们三人脱去外套，安静地等待。

不一会儿，侍卫官走了出来，请我们一起进去。

刚跨进这道门，一眼就看到了根茨·阿尔帕德总统先生笑眯眯地站在那里。总统跨越了四道门亲自迎接我们，看见我之后，嘴里说着“siya”（朋友间的问候用语），接着给了我一个热烈的拥抱。总统先生的笑容真挚可亲，眼神也没有了那天的威严，而多了一点慈祥。他热情的待客方式让我感受到了温暖。戴博纳先生事后跟我提及此事时说：总统先生从来没有亲自走出几道门来迎接客人，这在外交上是违反常态的。正常的情况下，应该是总统先生正襟危坐在办公室里，我们一行人穿过一道道门，怀着惴惴不安的心情仰视着总统先生的面容。

根茨·阿尔帕德总统先生没有按照外交方式对待我，而是出于一位慈祥的老人对一位艺术家的尊重和喜爱，这种交往不是靠国家实力，不是靠外交手段，而是出于私人间的友谊。我向总统先生展示出了中国历史文化，使得总统先生对中国有了更全面的了解和认识，同时也有了更进一步了解的兴趣。

来到根茨·阿尔帕德总统先生的办公室。众人谈天说地，谈古论今，我则绞尽脑汁地把中国最优秀的文化，在最短时间内，用最美丽的方式传达给总统先生。从中美文化的差异到中国的历史文化，我们聊得不亦乐乎。总统先生则把匈牙利的历史文化一一讲给我们。我的先生叶金森则介绍了京剧的历史沿革和发展变迁，引来总统先生和戴博纳先生的感慨。戴博纳先生知识非常渊博，他向我们介绍了匈牙利的戏剧历史和现状。在愉快的交谈中，总统先生把他最想问的问题一一提出，我也一一作答。

根茨·阿尔帕德总统先生直言：“我并不了解中国，虽然匈牙利跟中国的关系非常好，但是因为存在政治信仰的差异，所以之前对于中国的情况并不是很热衷。而这次之所以对中国及中国文化发生了浓厚的兴趣，是因为新闻媒体对你的报道，并被你所表演的京剧感染。”

当印有我彩色剧照的报纸映入眼帘，他立刻对京剧以及诞生京剧的那个神奇国度另眼相看，并产生了浓厚的兴趣。虽然意识形态南辕北辙，但根茨·阿尔帕德总统是一个文学家，从1965年起他成为专业文学翻译和自由职业作家，先后发表了多部剧本、短篇小说，翻译过大量英、美文学作品，并于1983年获匈牙利的约热夫·奥蒂洛文学奖，1989年因翻译英国文学作品获英国惠特兰奖。根茨较著名的作品有《穿木屐者》（曾被改编成话剧）、《相会》、《栅栏》、《还乡》以及《天平》等。当他看到我的彩色剧照时，是艺术家特有的敏感使他开始对京剧产生了兴趣。

会面转眼就超出最初约定的时间，而总统先生依然兴致勃勃，丝毫没有结束的意思。我担心因此耽误总统先生的日程安排。我把目光转向戴博纳先生，希望他提醒总统，而戴博纳先生却把目光投向了总统的秘书，秘书则紧盯着总统，我只好继续端坐着继续与总统交谈。转眼间十分钟又过去了，而总统先生依然愉快地与我交谈着，我只好对总统说：

“我们是不是打扰的时间太长了？”

“最后一个问题，最后一个问题，你从多大开始学习京剧的？”

“十岁。”

“专业的？”

“专业的。我10岁开始练，15岁主演现代京剧《赛驼之后》并在全国戏剧汇演中获得了三项大奖。”

我把《赛驼之后》的剧照送给总统先生，他高兴地收下了。他一直在问“最后一个问题”，而一个问题之后紧接着另一个问题，丝毫没有结束的迹象。显而易见，他渴望留下我们。那种渴望的眼神跨越了文化的差异，超越了国家的界限，是一种发自内心的热爱。虽然总统先生日理万机，但他宁愿耽误其他事情，也要留住我们，这不仅仅是我个人魅力的吸引，更是中华文化特有的魅力将总统先生牢牢地“吸住了”。他发自肺腑地说道：“不管是外长的访问还是部长的交流都比不上与你们一个半小时的交谈收获大。”这就是以文化交流为途径进行的公共外交所产生的影响。

临别之际，根茨·阿尔帕德总统先生问我：“你有名片吗？”在出国之前，文化部要求每名出访人员印刷名片，内容包括中国京剧院的职务、通信地址、电话号码、邮政编码等等。名片既方便交流，在那个年代也是一种身份的象征。于是我将名片双手递给了总统先生，总统先生高兴地收下了。合影留念结束后，总统先生拿出匈牙利的国酒——托卡伊贵腐埃苏甜白葡萄酒送给了我。托卡伊贵腐埃苏甜白葡萄酒被称为“流淌的黄钻石”、“液体黄金”、“王者之酒，酒中之王”。它产自匈牙利的托卡伊山麓，被看作液体黄金、财富的标志，在18世纪成为风靡欧洲各国的宫廷宴酒，甚至外交的工具，是各国王室权贵求之不得的稀世珍品。如果把一瓶上成的葡萄酒比作公主，那么托卡伊贵腐埃苏就是葡萄酒中的皇后。所有的皇后都曾经是公主，但并不是所有的公主都能成为皇后，这就是托卡伊贵腐埃苏和其他上乘葡萄酒的区别。酒瓶镶刻有匈牙利的国家标志，是匈牙利人最为珍视的民族品牌。总统笑着说：“这瓶酒就是匈牙利的兰花指。”

那瓶托卡伊贵腐埃苏甜白葡萄酒依旧珍藏在我的家中，每每看到它，总能想起根茨·阿尔帕德总统和蔼可亲的样子，以及在匈牙利生活的点点滴滴。这不单单是私人的友谊，更是中国公共外交的记录，这也是把我的公共外交实践整理出版的初衷所在。

回国后，根茨·阿尔帕德总统的信函提前到来，并引发了一系列有趣的事件，不过那都是后话了。

私人交情在某种意义上是外交的延伸，它可以通过一定的手段，提高本国的国家影响力。纵观世界风云，私人交情在对外交往中起到了显著的效果。两国领导人建立的深厚友谊，可以转化成有效的合作。罗纳德·里根和撒切尔夫人之间的非凡友谊为疲弱的英美“特殊关系”注入新的活力，产生了深远的影响。1994 年，撒切尔夫人在华盛顿在正式退休的美国总统罗纳德·里根的 83 岁庆生会发表讲话致敬数日后，罗纳德·里根写给撒切尔夫人一封信：“终我一生，我总是相信人生轨迹是由比命运更强大的力量支配的。我相信上帝让我们结识是出于深刻的原因，认识你是我莫大的荣幸。”同样的道理早在周总理身上便深刻地展现出来。60 年代末期，美国尼克松政府从美国的全球战略角度出发，决定从亚洲收缩力量，顺应历史的发展，同中国改善关系，以借助中国力量抗衡苏联，在美苏抗衡中取得主动。当时，中苏关系恶化，中国政府从地缘政治的角度，也需同美国从对抗走向和解。于是，在世界历史的舞台上，中美两国的领导人上演了一幕跨越时空的历史话剧。在这场跨越时空的历史话剧中，周恩来与基辛格建立的私人友谊正是推动中美两国关系发展的强力“助推器”。

万隆会议是 1955 年 4 月 18 日至 24 日在印度尼西亚万隆召开的反对殖民主义、推动亚非各国民族独立的会议。周恩来总理率代表团参加。会议期间，某些原殖民主义和帝国主义国家利用一些国家制造纷争和矛盾，并对中国发出诋毁性言论，企图分裂会议。周总理利用了他的人脉和人格魅力淋漓尽致地发挥了折冲樽俎、协和万邦的外交艺术，数次力挽狂澜，将会议一步一步引向求同存异、和平共处精神的胜利，为后人留下惊世一笔。

第一回合：伊拉克代表首先发难，总理发言掷地有声。万隆会议召开之初，伊拉克发言人法迪尔·贾马利开始疯狂地攻击共产主义。他宣称当时世界上存在着三股扰乱和平与和谐的国际性势力，而第三股就是共产主义。他声称共产党已经创造了一种“新形式的殖民主义”，并号召非共产党国家认真对待共产主义危险的严重性。贾马利的发言犹如向平静的湖面投下了一块巨石，瞬间激起了轩然大波。第二天，大会公开发言形势继续急剧恶化。周恩来当机立断，抓住时机发表了演说，第一句话就掷地有声：“中国代表团是来求团结而不是来吵架的。”先前紧张的会场气氛一下子松弛了下来，也打破了妄图让万隆会议演变为一场意识形态大战的阴谋。周恩来巧妙的语言既申述了中国的立场，又给与会者留下了一种自我克制、通情达理的印象。最为重要的是，周恩来发言中一贯始终的中心思想——求同存异，实际上为与会国提供了互相合作的基本准则，而这也是后来被称为“万隆精神”的主干。至此，周恩来以他的真诚和机智巧妙化解了第一次危机。

第二回合：锡兰总理节外生枝，周总理机智地巧避锋芒。两天的公开发言结束之后，万隆会议进入秘密会议阶段。这个阶段，锡兰总理科特拉瓦拉充当了第二次进攻的号手，当时锡兰的反共立场非常极端和强硬。他直截了当地说：台湾应成为一个独立国家，并建议将台湾置于联合国或者亚洲国家的共同托管之下。在随后举行的会议上，科特拉瓦拉又公然提出要向反对西方殖民主义一样反对苏联殖民主义。共产主义与反共产主义的意识形态论争眼看就要剑拔弩张了。但是第二天，科特拉瓦拉却一改前一天语调，委婉地说他昨天的发言无意把会议引向分裂。为什么他一夜之间在语气上发生了这么明显的变化呢？人们注意到，在前一天下午的会议结束后，过了很长一段时间，周恩来和科特拉瓦拉才从会议室里并肩走出来。随后周恩来发言称，自己和科特拉瓦拉已经在私下通过交谈彼此取得了谅解，虽然他无法同意科特拉瓦拉新式殖民主义的解释，但他赞赏科特拉瓦拉积极的精神。周恩来就这样化解了科特拉瓦拉所设置的障碍。

第三回合：中立国与结盟国家激烈交锋，周恩来选择时机先发制人。随后中立国家与亲西方的国家为中立和结盟问题又吵得不可开交，在这个过程中，周恩来几乎一言未发，其实他是在冷眼观察，等候时机。当中立国领导人印度总理尼赫鲁被亲西方国家攻击得异常愤怒时，周恩来不失时机地站了出来，灵巧地避开争论，重申求同存异的主导思想，宽宏大量地建议把有人不喜欢的共处改为联合国宪章中的和平共处，将五项原则改为七项原则。周恩来充满和解精神的讲话再次平息了争论，使误入歧途的会议又回到了正确的轨道。

周总理在万隆会议上所展示的大智大勇、顾全大局的气度，非凡的领袖魅力为会议的成功做出的巨大贡献，赢得了与会代表和国际舆论的高度评价。黎巴嫩代表团团长当面称赞周总理“在会上的每次辩论中都获得胜利”，“取得比任何其他与会者都要大的成功”。外电评论说“周恩来是万隆会议的灵魂人物和真正主角”。

周总理在万隆会议上卓有成效的工作和非凡的风度，增进了亚非国家和整个国际社会对新中国的了解与信任，在很大程度上消减了不少国家对我国的误解、偏见和疑虑，为新中国赢得了朋友，提高了新中国的国际地位和影响。万隆会议后，我国的对外关系打开了一个新局面，出现了一个同我国建交的高潮。在短短的五六年时间里，到1961年，仅亚非地区新增同我建交国即达十个之多，并为十年后即1971年恢复中国在联合国合法席位后出现的第二次建交高潮奠定了基础。

正如学者所指出的，“虽然世界上没有完人，没有不存在缺点的人，但相对来说，周恩来确实是一个光彩夺目的比较完美的典型，中华民族最好的美德几乎都在他身上体现出来，中国共产党的优良传统在他伟大一生中充分反映出来，在人们心目中树立起无比崇高的形象”。正是他独特的人格魅力以及非凡的智慧书写了一幅幅波澜壮阔的历史画卷。

近几年，中国在公共外交领域取得了突飞猛进的发展。2009年10月，中国前外交官联谊会、北京桥艺术中心联合创办了公共外交与文化交流NGO组织，简称公共外交中心。公共外交中心致力于打造一个具有国际影响力的公共外交与文化交流平台，并努力使其逐步成为中国非官方化的民间外交总部。中心以“让中国走向世界，让世界了解中国”为目标，以“和，改变世界”为理念，倡导“国家形象，全民塑造”，努力通过多元化多途径，实现外交目标为宗旨的公共外交、文化交流、公益慈善、经贸合作活动，与政府外交双轨并进，达到拉近我国与世界的距离，向世界展示一个真实的致力于维护世界持久和平、推动各国共同繁荣的中国，消除外界对中国的偏见、误解和疑虑，进而为我国的和谐发展营造一个良好的国际舆论环境之目的。

公共外交中心通过竭力不怠的公共外交实践，已逐步成为政府认可、国际瞩目的中国非官方外交平台和桥梁，赢得了社会各界的尊重和重视，拥有了众多的公共外交战略伙伴。

初识奇思马迪阿·蒂博尔先生

走过风风雨雨，回望当初，有时会想假如没有匈牙利之行自己会是什么样子。然而，一切尘埃落定，一切无怨无悔。匈牙利之行，并不是一个偶然，是个必然。

1987年，我离开校园不到十年。那年，欧洲戏曲代表团访华，我是接待人员之一。那时的我活泼可爱、思维敏捷，艺术上小有成就，却谦虚好学，他们很喜欢我，经常无意间流露出与我交流的意愿，苦于当时的政治形势，并没有直接提出。

1990年，应中国剧协邀请，匈牙利布达佩斯室内剧院院长米克洛什·须茨先生和艺术总监奇思马迪阿·蒂博尔访问我国并观看了我的演出。后来在一次剧协组织的活动中，我有个一清唱节目，恰好二位先生参加了这一活动，他们认出了我并通过剧协与我相识。见面后，他们就京剧艺术提了许多问题，并谈了他们初次观赏的印象，觉着太美了。随后他们又请求剧协同意派我陪他们几天，以便就京剧艺术作进一步的了解。这样我陪同他们接连看了几天的京剧，他们边看边询问，了解得非常详细，也兴趣大增。就这样，在我们的一番深切交流下，奇思马迪阿·蒂博尔先生决定把我和京剧介绍到匈牙利。

我跟他的第一次深切交流是在北京饭店的宴会上。奇思马迪阿·蒂博尔先生长得很帅，是个不折不扣的美男子。当时的情形非常有戏剧性，到场的文艺界同仁围绕在奇思马迪阿·蒂博尔先生的身边，而奇思马迪阿·蒂博尔先生却偏偏不离我左右。在那个并不开放的年代，被一个众人瞩目的外国人围绕毕竟是一件扎眼的事，我能感觉到周围异样的目光。后来，我旁敲侧击地跟他说，是不是应该跟别人聊聊天。他似乎也感觉到什么，在会场漫步一周后又转到我的身边。

当时我有些胆小，不能太过于张扬，毕竟同时出席宴会的有很多艺术界前辈，看到一个安静的角落有把椅子，我径直坐了过去。

奇思马迪阿·蒂博尔先生又来到我的身边，看到我身边并没有空闲的椅子，于是就一屁股坐到我身边的台阶上。这个举动着实吓了我一跳，我从来没有见过如此知名的艺术家竟然这样不拘小节。于是，我赶忙站了起来客气地说："您坐着凳子，我站着跟您交流。"

于是，我与奇思马迪阿·蒂博尔先生谈了整整一个晚上的京剧，从京剧的历史沿革到京剧的现状发展，还有我自己这些年对京剧的认识。京剧的美是细腻的美，它集唱、念、做、打于一身；唱腔丰富多彩，百听不厌；念白节奏铿锵，韵味十足；表演优美动人，妙不可言；武打惊险绝伦，扣人心弦；艺术流派众多，名家辈出。它的表现形式独特，虚拟写意。舞台上无马胜似真马，无船胜于有船，诗情画意，尽在其中！它的服装极富象征性，一衣多用，唐朝的皇帝戴宋人的帽子，而无人说其不真实。

奇思马迪阿·蒂博尔先生表现出极大的热情，他当场邀请我去匈牙利访问。回国后，奇思马迪阿·蒂博尔第一时间发出了邀请函，邀请我和中国戏曲家协会赴匈牙利访问交流。

当时奇思马迪阿·蒂博尔先生的翻译，一个叫李亚娟的匈牙利小姑娘，她本来学习的是中文专业，却在翻译我和奇思马迪阿·蒂博尔先生对话时，受到我的影响转而去学习了戏剧。毕业后成为了一名戏剧导演，后来到了匈牙利文化部工作。现在被派到匈牙利驻中国上海总理事馆当理事，并成为了我第一个外籍学生。

奇思马迪阿·蒂博尔先生之所以当时围绕在我身边，我分析有几点：首先，他喜爱戏剧，从而对于京剧文化的求知欲程度远远高于其他文化。欧洲人认为戏剧是神圣而又庄严的艺术，戏剧文化是永久文化。与之相对应的快餐文化，诸如电影文化、电视文化等，并不能与戏剧文化相提并论。尤其在90年代，中国电影发展程度较国外电影发展确实存在很大差距。第二，多年的京剧生涯培养了我身上独有的京剧艺术气质，这对于奇思马迪阿·蒂博尔先生是一种吸引，至少在当时那个氛围当中仍属凤毛麟角。在快餐文化大量充斥着人们生活，改变着人们的价值观时，京剧艺术家身上这份平静却由一位外国艺术家发现和推崇，这着实令人扼腕。第三，在访问之前，我对奇思马迪阿·蒂博尔先生早有耳闻。而这次的访华又亲眼观看了我的演出，才使得他义无反顾地邀请我和我先生访问匈牙利。把京剧艺术介绍到欧洲，这是他访华的初衷。

我的第一次真正意义上的外交实践——艺术是一座沟通的桥梁

1993 年，匈牙利“舞蹈论坛”邀请中国京剧院派团参加“1993 年国际民间舞蹈节”。在应邀参加的外国艺术团体中只有我们这一个来自东方的艺术团体，可以说机会难得。3 月下旬，我带领中国京剧院一行三十多人赶赴匈牙利，参加“国际民间舞蹈节”的演出。

因为此次来匈的人很多，大戏也能演，期间我们就演出了《天女散花》、《秋江》、《孙悟空大闹天宫》等经典剧目。我们那次去了很多城市，布达佩斯、久拉、比利时的布鲁塞尔等。海报做得也很有意思，一边儿是西方戏剧中丑儿的形象，一边儿是中国京剧里的丑儿的形象，都是手绘的，而且画面做得特别逼真，既展示了东西方艺术中“丑儿”的相同之处，又通过对比突出了二者的不同，那次活动的海报到现在我还珍藏着。

首场演出在匈牙利国家剧院，我和叶老师（先生叶金森）演《秋江》，讲的是陈妙常心慌意乱地前去追赶她的情郎潘必正，这个时候潘必正已经上船了，陈妙常必须雇船赶上潘必正，可是这个艄公又偏偏是个爱开玩笑的，啰里啰唆就是不快点儿行船。于是乎一个是又急又羞又气，一个是磨磨蹭蹭、故意逗乐，场面十分搞笑。

我们就在几个比较精彩的地方做文章，比如说艄公向陈妙常讨价还价要酒钱，陈妙常付钱后，艄公把陈妙常领上船，却又说自己要回家吃饭，还有要开船时却发现缆绳未解，等等。为方便观众理解，我们用匈牙利语进行念白，渲染戏剧气氛，将艄公善良幽默的性格以及陈妙常追赶情郎的急迫心情表现得淋漓尽致，引起观众阵阵笑声和掌声。

演出非常成功，一千多座的剧场座无虚席。观众都是慕名而来，甚至有不少观众因为没有买到票，就在开演前还在剧场前徘徊，等着买别人的退票。演出结束，三次谢幕后，观众仍然在热烈鼓掌，不肯离去。我们所有演员又上场秀自己的绝技，拧旋子、空翻、绸舞，以此来感谢匈牙利观众的盛情。演出很成功，我们都很开心，但是我没想到还有更大的荣誉在等着我。就在此活动的过程当中，我接到匈牙利政府的通知，我们夫妻两人在中匈两国戏剧交流中做出的贡献，引起了匈牙利戏剧界及我国驻匈牙利大使馆的重视。时任匈牙利总统的根茨·阿尔帕德先生即将接见我们，并要授予我们“匈牙利荣誉国民证章”。

这是匈牙利政府给予对匈国有过杰出贡献的外国人士的最高荣誉，我是获得这一殊荣的第一个中国人。听到这个消息，我的心情非常激动，作为一个中国人，以艺术工作者的身份获得这个荣誉，我觉得特别骄傲，这表明我们进行的文化交流工作得到了匈牙利和中国驻匈牙利大使馆的肯定。但我更愿意把它看作是全体中国人的骄傲，因为它是授予作为我们民族文化的瑰宝京剧和我们五千年灿烂文化的。

1993年3月30日，我应邀前往匈牙利国会大厦参加奖章授予仪式，同去的还有叶老师（先生叶金森）、中国驻匈牙利大使以及文化参赞等大使馆的官员。一路上我既紧张又兴奋，同行的人一直在给我打气。国会大厦坐落在多瑙河畔的自由广场，是典型的哥特式建筑，非常奢华，不仅是首都布达佩斯的地标性建筑，也是匈牙利最大的建筑。国会宴会厅非常漂亮，陈设十分讲究，食物也都十分精美。来的都是社会名流，可谓是群贤毕至。但是我根本没有心思看这些，因为在此之前，中国驻匈牙利大使馆交给我一个任务，这也是我有意识的第一次外交尝试，大使给我的任务很重，就是邀请匈牙利总统访问中国。他说，你一定要把话带到，成功不成功都不要紧。于是我就带着这么一项任务去了。其实，在去的路上，我根本就没想什么荣誉、颁奖仪式以及和总统合影的事儿，满脑子都在想：“老天爷，这话应该怎么说呀，他要是给我顶回来怎么办呀？”我想了一万个说服总统的理由，所有可能出现的情况及应对的方法，至于车怎么开到的国会，我怎么进的大厅，一点儿感觉都没有。到了宴会厅，总统亲切地给我颁发证章，并发表了热情洋溢的讲话，他赞美我："中国艺术家孙萍在匈牙利做了大量的工作，促进了中匈文化交流，她是匈牙利人民真诚的朋友，希望她接受我今天授予她的荣誉国民称号。我对她的到来和她所付出的努力表示感谢！"我听了很感动，但是当时我根本没有时间和心思去享受那份快乐。我只是木木地笑，和别人握手什么的，也是有点儿心不在焉。因为我脑子一直都在盘算，我应该什么时候跟总统说访华的事情，要怎么说才得体。这种情况真的不能用"一加一等于二"这种算法来简单计算。这些程序进行完之后，就是敬酒的环节，我跟匈牙利政界的高官们也都寒暄完后，抬头看见总统正向我走过来。他激动地重复着："我今天非常高兴！我今天非常高兴！"

我问："您高兴，是因为什么呢？"

总统说："今天我把匈牙利荣誉国民证章给了一个我最想给的、最美丽的艺术家，这是我最高兴的事儿。"

我继续追问："您为什么给我呀？"

"你美！"

"我哪儿美呀？"

"你表演美。"

"我表演怎么美呀？"

"表演京剧美！"

"京剧哪儿美呀？美在哪儿呀……"

那时候我很年轻，而他是个老人，我就像不讲理的小孩子一样一直很顽皮地调侃发问，总统就一个劲儿地称赞“美！美！美！……”很自然地，我就把话题引到访华上，我对他说：“其实，我跟您讲，美不是我一个人的，京剧也不是我一个人的艺术，它是一种综合的艺术，它有唱念做打，它有生旦净丑，它有文戏也有武戏，所有的东西综合到一起，才是真正意义上的京剧，而我只是其中的一部分，我演的《天女散花》中的‘天女’也只是整部戏里的一个角色。您要想看真正的京剧艺术，您还是要亲自到中国去看去感受，那才真正是文化盛宴。欢迎您去北京，去看我们真正的京剧！”

政治家不愧是政治家，因为他有政治家的敏感。在我说这些话的时候，他就已经悟到了一些东西，他高兴地说：“对，你这个建议很好，我一定要考虑。”我说：“好，谢谢您！到时候我陪您一起去看。”这场对话就像是开着玩笑，其实信息就已经全传递了。然后我就冲着大使点头，示意他：我做到了。

宴会结束就是合影留念。总统对我说要把我的照片摆到国会的画廊里。国会画廊我去过，里面挂的不管是照片，还是油画、肖像画，都是匈牙利的著名人物，包括诺贝尔奖获得者(虽然匈牙利国家小，但有十几个人获得诺贝尔奖）的照片和画像。总统说把我的照片摆到画廊里，我觉得特别荣幸。

合影结束后我们走出国会大厦，乘车赶回住处，直到这时候我才有心情欣赏街上的景色。我在车里就开始跟大使汇报，我是怎么说的，总统先生是怎么答复我的，等等。令我没想到的是，过了大概不到一个星期，我突然接到匈牙利驻中国大使梅可岚的电话。我本来以为她是在北京给我打的电话，没想到她第一句话就是："孙萍，我回到布达佩斯了。"我很奇怪，于是就问她："为什么回来?"她说："总统叫我回来的。请你一定尽快到布达佩斯来一次，我想找你问一问情况。"外事无小事，事事都要请示。于是我就跟中国驻匈牙利大使说，梅可岚大使想见我，向我了解一下情况。大使馆同意我把邀请总统访华的情况告诉梅可岚，于是我就开车走了108公里到布达佩斯。

梅可岚的中文说得很好，我俩就坐在咖啡厅里的一个角落里谈。她说："能不能告诉我，你和总统谈论的内容?"她想要了解整个过程，因为她马上要去见总统。我就把来龙去脉向她说明了一下。她说："我自己也是很希望总统访问中国，我跟他说了无数次，我跟国会的人也说，不要总是看着美国，应该把目光转向中国。中国是一个很伟大的国家，人口多，市场大，发展潜力很大。但是没有人听我的。这下可有机会了。"这件事情能有这样一个结果，她觉得很开心。

后来梅可岚觐见总统之后，又给我打了一个电话，我又一次开车到布达佩斯，她告诉我说："总统接受邀请了，我回到中国之后就向中方转达。"

之后中方正式向匈牙利总统发出邀请，匈牙利总统也正式受邀。整个过程相当于是我以艺术家的身份向匈牙利总统提出访问中国，然后他高兴地答应了，然后才有官方正式的邀请和受邀。1994年9月，匈牙利总统根茨·阿尔帕德正式访问中国。匈牙利总统的此次访华过程中，江泽民主席说他“言必称孙萍”。不管走到哪儿，做什么，都会说：“孙萍说……，孙萍做……”江主席十分好奇，很想知道孙萍在匈牙利都做什么了，以至于匈牙利总统总是念叨她。根茨总统在访华期间，还提到了双边文化交流的重要性。

这次访问非常成功，他回去之后就给我写信说：“我这次访问，使我对这个伟大的国家有了新的了解。我为您把京剧《西游记》移植到欧洲舞台而感到高兴，也称您为‘中匈文化大使’。我希望能在我度假之前见到您，请您联系工作人员……”

收到这封信之后，1995年初，我就跟叶老师一起去看望他，本来与总统见面是要经过一定程序的，而且进国会大门到总统办公室是要穿过好几道门，等候秘书通知我们才行。可是那天，我和叶老师刚到客厅脱下外套，总统就已经大步流星地从办公室里走出来迎接我们了。一见面他很激动，兴冲冲地讲他在中国的所见所闻，说长城很壮丽，蜿蜒起伏，十分壮美，中国的建筑也很美，很有民族特色。当然也有他不太理解、觉得不可思议的一些事儿，他说：“中国人真多。”他在广州的商场看到的全是人，到处人潮涌动。天南地北地说了很多开心的事儿，他觉得中国经济的发展和文化的纯粹给他留下了深刻的印象。他认为，中国的京剧是世界上非常伟大的艺术，而且这种艺术能够被匈牙利人民所接受。然后他问到我在匈牙利的情况，我告诉他，我们已经排完《西游记》了，现在正在排演《圣·拉兹洛国王》。我送给了总统一套我们演出的《西游记》的录像带和《中国京剧》一书。总统非常高兴，他说："这盘录像带比任何礼物都贵重!"

这个时候，他告诉我说："明年你们的主席要访问匈牙利。这也是你的功劳，是你请他来的。"

我可不敢居功："不是，是您请他来的。"

总统坚持道："是你请他来的。"

"不不不，还是您请他来的。"

……

我们两个人之间就这样互相谦让好一会儿，后来他说："我要不去的话，我怎么能亲自请他来呢？但是没有你我不可能亲自去，我亲自去才能够亲自邀请他，所以还是你请的他。"

那天聊得很开心，以至于三人都忘记了时间。我担心聊太久会耽误他工作，于是就问他："聊这么长时间您不累吗？"

他还意犹未尽："我不累!"

后来秘书两次催促总统，说外面有客人等待接见，总统才不无遗憾地结束了我们的谈话。总统还邀请我们和他一起共进晚餐，但是因为当天晚上我有演出，必须赶回剧场，因此很遗憾没能实现。

匈牙利总统是东欧剧变后第一个访问中国的欧洲国家首脑，

打破了中欧之间的禁忌。这件事情更积极地促成了江泽民主席1995年访问欧洲五国。江主席到匈牙利之后，就开始问："小孙萍在匈牙利都做了什么，达到了这样的一个成果，使得总统先生总是把她挂在嘴边儿?"其实我所做的就是一个艺术家的本职工作，却达到了外交家的效果。这件事情让我很开心，这是我得到"匈牙利荣誉国民证章"的成果之一，也是我真正有意识的外交活动的第一个案例，当然，也是个成功的案例。我们的艺术在匈牙利获得了认可，艺术是一座沟通的桥梁，中国人通过这个桥梁走向世界，外国人也通过这个桥梁认识中国并最终通过艺术推动了两国关系的发展。从此以后我就更加相信，艺术可以为国家服务。

文化的交流不但能沟通不同国家人民的情感与心灵，增进理解和信任，还能推动国家间关系的发展。实际上，艺术并非天然地服务于政治，更有人认为艺术应当完全独立于政治。在我看来，艺术有自己的发展规律，艺术家有自己的艺术追求，但这并不妨碍艺术在必要时为政治服务。这就要求艺术家要有较高的政治觉悟，要时刻把国家利益放在首位。

仅仅有政治觉悟还不够，艺术家还要掌握一定的技巧，实现由"艺术"到"技术"的转变。由"艺术"到"技术"，往往需要一定的中介因素；而个人交情则是其中重要的一种。

我成功邀请匈牙利总统访华，就是利用个人交情来推动国家交往的例子。利用民间面孔来展示官方立场，方法灵活多样，有一定的官方意图却不受官方规定的过度约束，能达到政府外交的目的，却又能避免官方出面的风险。

利用私人交情来推动国家间关系改善的例子不胜枚举。美国石油大王亚蒙·哈默不仅仅是一位成功的企业家，更是著名社会活动家，甚至被称为政治外交型企业家。哈默本身是俄国移民后裔，其父是共产党，他也是第一个同苏联做买卖的美国人。哈默曾帮助苏联从美国购买粮食，他因此受到列宁的接见，获得了在苏联开矿的权利，并与列宁建立了良好的个人关系。而美国政府则充分利用了哈默的这种个人交情，把他作为美苏改善关系的“开路先锋”，大大改善了同苏联的关系。

赵启正主任说过：对外宣传是一门高超的艺术。而我恰恰是一个“艺术家”。当然，我还需要一次“华丽转身”，从一个京剧表演艺术家转变成为一个对外交流的“艺术家”。

与匈牙利斯卡纳剧院合作

1992 年，我在去匈牙利之前制定了一个京剧推广的计划，第一项就是进行中西戏剧结合的尝试，以积累一些经验，为之后的文化交流服务。到达匈牙利以后，我找到当地一个非常古老的剧院——斯卡纳剧院，这个剧院在戏剧理念上与我相合，二者间产生了共鸣。斯卡纳剧院每年都会排以很多动作为主的戏，而我当时就在剧院附近的学校讲课，所以，一有空我就会来到剧院，坐在台下仔细聆听，默默地观察，静静地思考。在看他们的戏时，我眼前总是会浮现出京剧的很多架势。我突然想到，京剧的一大特色便是动作性强，而匈牙利歌剧同样是以动作为主，是否可以从动作入手，进行中西戏剧结合的尝试呢？这个想法可谓是史无前例，虽然困难，但我相信这是一条可行的路。于是所以我就把中西戏剧结合的第一块“试验田”放到了这里。

那时候，我面对的是一条完全未知的路，不知道如何才能走下去，只能一点点慢慢地摸索。我决定先从教匈牙利人京剧开始。这是一个大胆的尝试，在外国人的地盘上教他们表演中国的京剧，这算是第一次。我教学生们表演《三岔口》，我教得特别认真，学生们也充满热情，学得特别起劲儿。这些匈牙利学生，身段漂亮，大多都有一定的基础，有的学过舞蹈，还有的是剧团演员，因此学起京剧来上手很快，尤其是他们在学习舞剑的时候，一招一式像模像样，就像是他们身上有着中国人的基因似的。我记得其中有个学生叫君戴，理解能力和领悟能力都非常好，对细节的把握能力也很强，学戏仅两周就小有收获。

这样的辅导持续了一个月。之后我们在剧场进行了第一次彩排。我把中国驻匈牙利大使、匈牙利戏曲家协会人员都请到彩排现场，共同见证这个全部由匈牙利人演出的中国京剧。

令人哭笑不得的是，彩排当天，演员在化妆时遇到了问题。外国人的脸部结构跟中国人的差异很大，勾勒的时候非常困难，无法套用现成的化法。我索性亲自上阵帮他们化妆，画完后才发现，外国人的高鼻梁和深深内凹的眼窝使妆容有了意想不到的效果，呈现出一种别样的美。

之所以在彩排时候请客人到场，原因很简单，那就是我心里还是没有底，对这次演出不是很自信。作为老师，我相信自己的教学能力，也相信学生们的领悟能力和表演能力，我唯一担心的，就是这种中西戏剧结合会不会造成一些不和谐的音符呢？

最终，外国人演京剧带来了一种全新的感觉，彩排引起了全场轰动，中国驻匈牙利大使、匈牙利戏曲家协会成员们一致叫好，掌声久久不能平息。他们给出的评价是“完美”。

正式上演的时候，匈牙利国内又轰动了，所有场次都爆满，真正是一票难求。匈牙利人民对于中国京剧艺术的热情使我无限感激，难以用语言来表达。经由我，他们看到了美丽的东西，所以他们对我很尊敬，甚至看我时眼神中都带着一种发自内心的崇拜，这种包含真诚与崇敬的眼神是我一辈子都难以忘怀的。有时回想起这次演出的情景，我仍然能感到一阵阵的温馨，这是中西文化融合带来的一种感动，也是我热爱的京剧带给我的骄傲。

京剧跨文化传播的第一步算是迈出了，我也算是窥到了文化融合的门径。然而，另外一个问题却出现了：这样的文化融合能不能长久呢？这次演出是非常成功的，然而他们肯定不可能单以这样方式一直演下去，因为只有动作的京剧并不是完整的京剧，单薄的故事情节是其致命弱点。当滚滚而来的新文化冲击着现有文化的时候，我现在所获得的成功是否能够持续下去？它可能会被匈牙利文化同化，甚至会被淘汰。就算他们可以成立欧洲京剧团，也没有任何人可以保证欧洲京剧团会永远演京剧，文化差异并不能通过如此简单的行为而弥合，文化融合要想长久，就必须具备深度和广度，这是历史经验。

不要被眼前的短暂辉煌蒙蔽了双眼，在成功之际进行反思，才能看清楚远方的路，才能避免陷入过度自我膨胀引发的一系列问题。文化融合的形式应该是互融，本土文化要包容异域文化，而异域文化也要适当转变形态，以实现本土化，同时异域文化要始终保持本身特点，使得自身的可辨认性得到最大的保留。这就是我认可的文化融合的最终状态，而这样的文化融合才能长久。

这时候我遇到了一个绝佳的机会，当时匈牙利的一些艺术家正致力于动作戏剧的创作。这是一种不依靠场景和道具，强调用演员的形体动作表现时空转换及人物心理活动的艺术形式。他们虽然借鉴了印度舞蹈的一些艺术特征，但仍然远远谈不上成熟。动作戏剧有自己独特的艺术追求，但其弊病也显而易见：表演动作单调甚至幼稚。比如游泳动作的虚拟，就让演员趴在地上，手脚呈游状，身体蹭着地面往前移，费劲又难看。再如开门关门等动作，表现得很随意，和实际生活差不多，完全没有美感。他们也在想办法使表演动作更加美化，却又一筹莫展。我的中西戏剧结合的尝试让他们豁然开朗，兴奋异常。剧院的院长、导演曾兴奋地对我们讲，在你们教学演出的同时，我们也在研究你们，京剧的那些既生活化又艺术化，既在人物之内又在人物之外的身段动作，以及虚拟、超时空、意识流等表现人物的方法，都让我们从中悟出了很多值得学习的东西，启发很大。把京剧当中这些艺术性很强、又与动作戏剧相通的东西吸收过来，对发展动作戏剧是十分有益的。他们认定，他们要寻找的动作戏剧的根源应该就在京剧里。于是，匈牙利戏剧家协会就对我发出邀请，共同致力于动作戏剧的创作。

这正中我的下怀，因为我此行最主要的目的就是进行中西戏剧结合的尝试，并以此推动中西文化交流，于是我欣然接受了邀请，为他们创作的动作戏剧作指导。两种艺术和文化的碰撞固然令人兴奋，但是如何结合，却没有可资借鉴的方式，这将是我面临的最大困难。

我苦苦思索，寻找京剧和动作戏剧的结合点。最容易做到的是在成熟的动作戏剧中导入京剧的元素，如京剧的动作，如眼神，逢高必低、逢低必高的艺术手段等。我最先想到的就是他们原先戏剧里面那个笨拙难看的游泳动作。这时候我就找到了他们的院长，谈到了戏剧的修改问题，其中就涉及了游泳这个问题。我直言这样的动作并不适合在舞台上表演，应该进行修改。我举了京剧中的一个例子。我说在京剧中有出戏叫做《雁荡山》，戏里面有个水下的武打戏。那武打戏把在水下打斗的情景表演得很清楚，打斗场面很逼真，而且非常艺术化。接着我就给院长做了其中的几个动作，切近生活，又具备艺术的美感。院长看了，马上同意了我的修改提议，并亲自来到台上观看效果。我慢慢地走到台上，把京剧当中推水的几个姿势全都教给了他们，然后进行了合理的穿插。于是在第一场正式演出的时候，所有观众的目光都聚集在了这个地方。他们觉得这几个动作犹如画龙点睛之笔，令人回味无穷。一些艺术家看完就辨认出这是京剧的东西，因为这个动作上深深烙着京剧美的痕迹，对他们有着特殊的吸引力。他们的肯定给了我无穷的信心。

在另一场戏中，有这么一幕，有个男孩在黑夜里追逐一个女孩，导演的意图是要营造一种男孩努力追但又追不上的感觉。起先他们的动作非常简单，就是从舞台的一头跑到另一头，然后从另一头再跑回来，这样来来回回的动作重复很多遍。这一段意境浪漫，配乐很美，也有着同样浪漫的唱词，唯一的不足就是这个动作太过直白无聊。我出于一个京剧艺术家的本能，想从京剧中找到类似的动作，但是最终却发现纯京剧中没有合适的东西。后来，我突然想起了匈牙利有种拍拍腿的民族舞蹈。于是我就想尝试改变这种舞蹈的形式，将其应用到动作戏剧中。这其实是一种创新，这个过程也是在创造一种新的民族舞。于是，我就把想法告诉了舞蹈导演和先生叶金森，然后我们三个人再在此基础上进行新的戏剧动作的创作。在把匈牙利民族舞蹈融入动作戏剧的同时，我们还加入了很多京剧元素。这些京剧元素在融入动作戏剧后，在我看来，有种既熟悉又新鲜的感觉。最后，经过长时间的讨论和多次排练，这套动作改为由两个人跳着民族舞登上舞台，并在由多名演员演绎的“墙”的“门洞”里穿梭。这堵“墙”采用了拟人的手法，每个人都是城墙，走远点就是“门洞”，离近点就是“墙”。当两名主演在舞蹈的过程中将要见面时，“墙”就会闪出一个“门洞”，让女生出去，而当男生靠近时却变回了“墙”。而当女生快要逃离男生的视线之际，“墙”又自动出现一个“门洞”，让女生一直可望而不可及，男生则一直在追逐但一直追不到。眼看他们就要见到对方的时候，“墙”总会把他们分开。当他们分开后陷入迷茫之际，“墙”又把他们圈起来，让他们可以见到彼此。

这是一种人性化又艺术化的东西，可以给人无限的艺术想象空间，而美丽的想象空间才是最能吸引大众的：这就是京剧告诉我的。把京剧的理念融入新型的动作戏剧当中，使其深深镌刻着京剧的标签。话剧讲究真实，并以越真实越好，它有着严肃的规范，这种规范被我彻底打破了。“墙”的艺术理念就是京剧的核心艺术思想，比之前直白地跑来跑去要艺术得多。这就是中国京剧和西方话剧深层次的差异。

我后来又进行了多次类似的尝试，其中比较有代表性的是室内剧《哈姆莱特》。室内剧指的是在一个约三百人的剧场，舞台是平的，观众席是在一个斜坡之上。观众席整体是个长方形的架子，座位布置呈台阶式，中间有一条小道作为出入通道。

后来在进行《哈姆莱特》的修改时，我充分利用了观众席中间的小道：演员从小道走上舞台，灯光打到演员身上，营造出不同的意境，使得整个舞台更加立体化。

《哈姆莱特》的其中一幕讲的是哈姆莱特的叔叔克劳迪亚斯在杀死哈姆莱特的父亲后忏悔。他忏悔的时间非常长，台词却只是干瘪的念白，和一些“啊”、“哎呀”之类的叹词。在我看来，这是一个不能容忍的错误，因为京剧表演中有个黄金定律——七秒钟定律，也就是如果在场上超过7秒钟没有语言或动作，观众就会怀疑演员是否已经忘词。所以京剧的念白一直有着严格的规定，念白间的停顿决不能超出观众的心理范围，以免引起观众的反感。

当然，这是京剧的规律，我不能确定如果应用在西方话剧当中是否可行。因为在整整的一幕剧中，都是哈姆莱特的叔叔一个人在忏悔，这对于表达人物内心已经足够。但作为一个精益求精的艺术家，同时也是该剧导演之一，我觉得有必要和院长谈谈我的想法。于是我就向院长提出了我的修改建议：一个人的表演过于单调，观众的注意力放在同一个人身上太久就会引起反感，最好能加点东西。结果却被院长一口否定，原因再简单不过：这是莎士比亚的原著，而且在这一幕当中已经做了相当的缩减，不能再在把时间缩短了。在西方人的眼中，莎士比亚的剧目是神圣的，是至高无上的，原著如此，哈姆莱特的叔叔就必需花这么长的时间忏悔。尊重原著甚至不得不牺牲艺术美感，我个人并不赞同这种观念。我始终觉得这种单调的忏悔太长了，如果在这一幕当中加入一些新的元素，既不破坏原有的布景，又可以表达一些情绪，这样就会好一点。但出于对院长的尊重，我不愿意和他争论，只能另辟蹊径。

之后的很长时间，我都在苦苦思索着这个问题，却是一直未果。灵感总是在不经意间。有天晚上排练时，我看着灯下闪烁的影子，似乎找到了灵感。

我找了两个演员穿上红丝绒的衣服，让两人躲在椅子的背后推着椅子入场，身上都蒙着布，一左一右充当王座的扶手。同时配合国王的情绪做动作，高兴时起，低迷时落，挣扎时纠缠，恐惧时战栗，愤怒的时候双手发威，痛苦的时候捶胸顿足，哭泣的时候双双替他拭去眼角的泪水：这相当于多了两个表达感情的道具，而这两个活道具更为直接的意义是不通过国王的声音，而是通过王座扶手的动作吸引观众的注意力。

高潮出现在国王死去这一段。临死之际，国王高喊了一声“上帝啊”，这时候两边的人将丝绒向天上一抛，国王顺势躺在舞台上，扮死人状，丝绒落下时，整整齐齐地盖在国王身上。国王被黑色的丝绒蒙住全身的一刹那，象征了一种发自灵魂的忏悔，表现了他阴暗面最终被掩盖，演出时观众“开始不懂，明白后惊讶，接着是赞叹”，这一小小的修改取得了令人叹为观止的舞台效果！这一修改看似简单，实际却是煞费苦心。这不是简简单单加入了两个演员，道具的选择和丝绒抛掷也着实费了一番脑子。选用丝绒是因为丝绒比较有重量，有重感，很漂亮，扔起来也很有质感。如果是绸子的话，就会显得太飘。扔丝绒也是件困难的事，两位演员经过了多次排练才达到令人满意的效果——抛起的丝绒方方正正地下落，然后国王顺势一躺，丝绒则整整齐齐地盖在他身上，以此象征邪恶的东西一定会失败，而光明一定会出现。这一幕的效果出奇的好，导演和院长也是深受启发。当然，最受启发的人还是我自己。因为我在不经意间创造了一种全新的艺术表现形式，就是把京剧的元素抽象成一种表现手段，再与西方艺术元素进行糅合，既保存了西方戏剧所强调的真实性，把时间、地点、空间交代清楚，又加入了京剧的虚拟化和拟人化的表现手法，在情节表现上既具备戏剧必需的艺术美感，又能最大限度还原现实生活。

国家间的文化交流活动并不一定带有官方背景，也并不一定有具体的外交目的。但不可否认的是，文化交流必然涉及不同文化、传统之间的沟通，文化交流是不同文化、不同国家了解彼此的重要手段，如果运用得当，会对外交领域产生有力的辐射和渗透。

公共外交的主要历史使命就是沟通不同的文明，英国将我们所说的“公共外交”称为“文化外交”，足见文化交流在公共外交格局中的重要地位。

美国前国务卿奥尔布赖特认为，文化外交是外交政策的中心环节，足见文化交流的重要地位。与政治交往、经济贸易不同，文化交流是一种更为“隐蔽”的交流手段，不存在直接利益冲突，对他国民众的影响也是“润物细无声”式的，是一种更为持久深远的影响，而不是买一件“Made in China”那么简单。

文化包括风土人情、传统习俗、生活方式、思想观念等方方面面。但文化交流也面临着问题，就是不同文化间的冲突，美国著名政治学家将这种不同文化、不同文明之间的矛盾称为文明的冲突。在亨廷顿看来，冷战之后，世界冲突的基本根源不再是意识形态，而是文化方面的差异，主宰全球的将是“文明的冲突”。中华文明与西方基督教文明之间存在巨大差异，无疑会为双方的交流合作带来障碍。

文化交流需要借助一定的手段，即某种具体的文化形式，作为交流的“支点”。但并不是所有的文化形式都可作对外交流之用，因为文化交流本身也受到文化差异的影响。因此，文化交流所需的文化形式也要满足一些条件：首先，该种文化形式既要体现一国文化、传统的特色，内容和形式又要为他国民众接受；其次，该种文化形式要与他国的文化传统、国民思想观念等具有一定的交集，即所谓的“共同的意义空间”；最后，为保证文化交流的可持续性，文化形式还要有“本土化”的可能，即与当地文化形式融合，并能作为一种独立的文化形态长期存在。综合考虑以上要求，我们会发现，集中国文化传统之大成，作为中国国粹的京剧无疑是对外交流的不二之选。

鼓足勇气出国门，“娃娃护照”第一人

梅兰芳先生很伟大，到美国进行京剧演出，筹集资金策划执行全由自己完成，他依靠的只是他背后的团队，并没有政府的力量支持他。但是他在美国成功了，当时的盛况甚至可以用万人空巷来形容。他把美丽的京剧艺术展现在了美国人眼前，让世界看到中国还有那么美的艺术。于是乎，世界戏剧体系出现了三足鼎立的局面，梅氏体系赫然在列。

我们是踩着梅先生的肩膀走过来的。但是我们的时代已经不是梅先生所处的那个时代了。梅先生所处的时代没有彩色电影，传播技术也没有现在这般发达。现在大大不同了，各种娱乐形式相互竞争，人们的思想观念也都发生了很大变化。我们出国交流，语言、时间、地理环境、个人思维、追求全都要适应。举个例子，现在匈牙利有一个剧团希望我派两个人赴匈交流。我这边人是不少，但是我能派谁去呢？大家都想出国拓宽视野，但是如果要他完成长期的、深层次交流的任务，却鲜有人能胜任，因为绝大多数人并没有这个意识。

当年我们走出去也是需要勇气的，因为当时的顾虑实在太多太多。首先，语言就是最大的障碍，在匈牙利长期交流，就意味着与匈牙利人一起工作，一起生活，语言不通会限制我们的文化走出去。学习匈牙利语并不容易，因为其语言变化很多，非常难掌握。学习匈牙利语让我觉得特别痛苦，比如说“谢谢”，英语是“Thank you”，匈牙利语是“Köszönöm”，而且这一个“谢谢”就有好几种不同的说法。匈牙利语中进行时的一些词更是变化莫测，“吃中饭”、“吃午饭”、“吃晚饭”变化多端，“饭前”、“饭中”、“饭后”也不同，“公鸡”、“母鸡”、“小鸡”、“鸡翅膀”、“鸡大腿”，都有“鸡”这个字，但是说法却都不一样。刚才我还能记住“鸡”是什么，可一会儿就又变了，听不懂了。但为了将我热爱的京剧传播出去，就算痛苦我也坚持着学了下来。现在的京剧演员很少有人能下决心学好一门语言，因为学起来太不容易。我估计现在我要是派人过去培训剧团、带团演出，没人敢接，因为语言不通，更不用说了解人家的文化了。

其次，不了解人家的艺术和文化。我和叶老师是真正扎根儿在那里做交流了，但是刚去的时候对人家的文化艺术并不熟悉，只能跟着人家去问去学。在匈牙利的那段时间，只要我没有演出和排练，我就到处去看演出，布达佩斯几乎所有的演出我都看过，甚至连他们的“洞穴艺术”我也去看。什么是“洞穴艺术”呢？就是几个人在一个造型、设计成类似山洞的地方演出，我就硬着头皮在那儿看，看不懂剧情，我就先看艺术形式。还有教堂艺术，教堂很庄严圣洁，我根本想不通为什么要在教堂演出。包括心理分析剧，我都是慢慢学。我那时一心想着我得学好当地的艺术，以后将它们放到自己的戏里来。我也把我们的文化元素放到他们能接受的形式里面去，这样才能达到比较好的效果。如果一味干巴巴地讲，他根本不懂，而把我们的好东西和他们的好东西融合到一起，才会事半功倍。

还有一个顾虑，就是我的女儿叶菲。当时叶菲太小，我们夫妻二人总是长期在国外，不方便照顾她，担心时间长了会出问题。1992 年，匈牙利方面又邀请我们夫妻二人交流，并且希望能同中方达成一个长期交流协议。听到这个消息我心里就开始犯难，因为那时候小叶菲体弱多病，动不动就住院。

当时我认识一位匈牙利主管文教的副国务卿，名叫费盖德·乔治，他同时是一位建筑设计师，他热爱中国传统文化，对故宫的角楼特别感兴趣。他和我是好朋友，因为我去匈牙利国会、文教部，通常都是他来接待。我就犯难地跟他说，下次可能没法接受邀请来匈牙利进行交流了。他问我原因，我告诉他匈牙利再发出邀请，可能交流的时间会很长。因为按照正常的排演进度，我们需要十个月才能排出一部戏，没有时间的保证排不出好戏来。但是我家孩子太小，把她一个人留在北京，只能让保姆带着。孩子天天又是住院，又是打针，我担心孩子，很难安心做交流，所以我可能来不了。他又问我：为什么不能带孩子一起来匈牙利呢？但是，在那个年代公派出国是不可以带孩子的。他对我说，他要给中国的文化部部长写一封信，跟部长讲，孩子是不应该离开母亲的。

我从心里觉得他写这封信不会管用，没想到他居然真写了，而且这封信比给我的邀请信到得还要早。这封信是寄到当时的文化部副部长、也是现在的中央政治局委员李源潮同志手里的。我回北京后见到他，他告诉我一个好消息，说他收到了匈牙利方面的来信，希望允许我去匈牙利交流时可以带着孩子。源潮同志又说，我的情况太特殊了，因为我跟进的是文化部的一个长期的交流项目，这个项目很重要，必须执行，但是如果我们夫妻两个都不在孩子身边，确实是有困难，对孩子成长也不利。所以部党组讨论后决定，同意我带孩子去匈牙利。

我可以带叶菲在身边，一起去匈牙利了，当时我的感觉简直像天上掉馅饼。在准备出国的同时，我就开始给她办护照。那时候她年龄太小，而我用的是公用护照，她又不能跟我一起照一个母女合影贴在护照上，最后只好给她办理单人护照。这么大的孩子办理单人护照，而且是一位公派的母亲带着一个因私出国的小孩儿去办理护照，护照照片上是一个两三岁娃娃的脸，护照大厅的人都觉得这事儿挺新鲜的。那时候的叶菲什么都不懂，不知道照相干吗，办护照干吗，匈牙利是哪儿，布达佩斯是哪儿，她只知道拍照片儿很新鲜，自己在那哪儿，她就这样懵懵懂懂地跟着我们去了匈牙利，我们也开始了在匈牙利的长期文化交流。

中西艺术的成功结合

动作戏剧诞生

所谓动作戏剧，是近几十年来在欧洲兴起的一种戏剧形式，表演上与传统话剧相比有许多明显的不同。简单地说，一般话剧中的人物假如挨了一拳必会和生活中一样摔倒在地，而动作戏剧则来个类似中国戏曲的“扑虎”或“抢背”等动作加以修饰使其艺术化。再如人物处在水中，则以游泳动作表示，虚拟出水中的环境。在表演的情绪上也主张夸张、艺术化，同生活相去甚远。由于主张突出表演的动作性，所以舞台上只有些简单的布景，比如设一圈方块儿，刷上像墙一样的红颜色。每个方块儿都有门，演员打开某个门，此处或许就成了电话间，或许又是卫生间，运用得很活，而舞台中间基本是空的。有点像中国戏曲对桌椅的运用，演员将其当作什么，它就是什么，并让人觉着可信。此外动作戏剧还常常以人来充作布景道具，有点儿拟人化的意思。比如有一出宫廷戏，那悬挂着的帐幔是由一演员搂抱着纱幕的下部立于一侧构成的，在灯光的作用下，人似乎是宫殿中的一根柱子，加上由平台充作的床及一些酒杯等道具，即构成一种宫廷的环境。剧中人坐在一张大沙发上表演，而这沙发却是由两个人披着一块大红布组成的，并能随角色的情绪变化而变换着形状，似乎沙发也有了情感，显然这种情感是人物情感的一部分，沙发是在协助烘托人物表演。由于布景道具少或用人来充当，所以换景的速度非常快，只要灯光一变，充作布景道具的人或上场或下场或变换一下姿势就可以了。演出的剧场亦与传统的大不相同。表演区没有高起的舞台，整个剧场内的色调为全黑色，观众席两侧挂着黑幕布，演员上下场可在阶梯型的观众席中或在黑幕布后面穿行，十分自由。一般的舞台由于受舞台形状的限制，灯光的运用也受到限制，而他们的表演区域和传统舞台不同，观众席上方及各个方位都可设置灯光，运用得随心所欲。动作戏剧的另一大特点是有乐队伴奏，使用匈牙利的一些民族乐器，用作某些人物心情的烘托、渲染，也模拟一些效果声。动作戏剧这样的一种表现形式，如果从传统话剧的角度来讲，演员表演的难度显然是增大了，但也为更广泛深入地表现生活提供了可能，同时它所产生的艺术效果使戏剧表演独有的魅力表现得更加充分。此外，对布景道具运用方式的改变，大大减弱了戏剧创作在这方面所长期受到的制约，起码是所需费用大为减少，对戏剧艺术的发展有很多好处。

德国总理科尔在1994年的“国际戏剧节”上宣布了“动作戏剧”的诞生。我和叶老师担任导演的《西游记》获得了多个奖项，其中“最佳编剧奖”的获得者是该剧的匈牙利编剧，我把《西游记》所有相关的材料都给了他们，他们依照这些材料编写了这个剧目。“最佳导演奖”和“最佳表演奖”都属于我和

与布达
佩斯电视台
采访工作人
员合影

与匈牙利布达佩斯剧院室内剧艺术总监
奇思马迪阿·蒂博尔（右一）和国际戏剧协会
（ITI）主席（中）拉兹洛先生在一起

中国驻匈牙利大使馆，与时任驻匈牙利大使的戴秉国夫妇在演出后的庆祝会上

与匈牙利副总理

向匈牙利议员介绍中国文化

1991年，匈牙利总统根茨·阿尔帕德（左二）及中匈友好协会主席戴博纳（右一）与孙萍、叶金森夫妇合影

孙萍、小叶菲和
匈牙利主管文教的副
国务卿费盖德·乔治

一家三口接受
匈牙利电视台采访

1993年，时任匈牙利总统的根茨·阿尔帕德授予孙萍荣誉国民证章

孙萍（右一）饰演《天女散花》中的天女，两位匈牙利演员分别助演《秦香莲》剧中的冬哥、春妹

1995年，叶金森、孙萍夫妇与匈牙利总统根茨·阿尔帕德

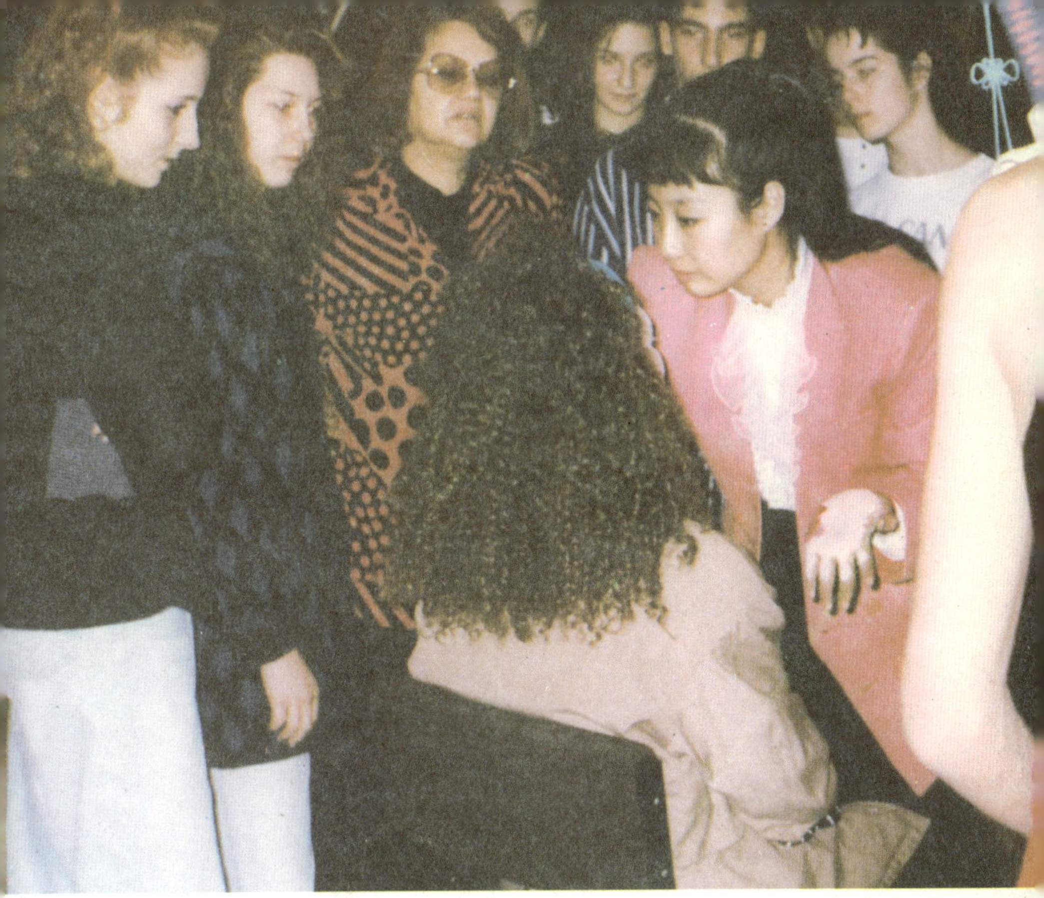

给演员上油彩妆

布达佩斯剧院演员学演京剧《三岔口》

匈牙利演员演出京剧后

匈牙利裴多菲剧院，《圣·拉兹洛国王》演出后

严格调教

动作剧《西游记》

为匈牙利小朋友排演的动作剧《白雪公主》

在匈牙利久尔芭蕾舞剧团教授京剧动作

教授京剧动作

在匈牙利排练动作戏剧，右一为叶金森

排练《艺术家的节日》

叶老师。科尔总理在颁奖的时候，说了三句让我印象很深的话，第一句话："感谢两位中国艺术家对欧洲的贡献，给我们欧洲死板的戏剧艺术形式吹进了清风。"第二句话："这种中西艺术的结合十分融洽，严丝合缝，没有切凿的痕迹。"第三句："现在我看到了一种西方艺术向东方艺术靠拢的趋势。"我当时觉得第三句话有些夸张了，不能这么说，但是他确实用这句话表扬我了。在这次宣布"动作戏剧"诞生的仪式上，国际戏剧组织的主席宣布此后每年都将举办一次"动作戏剧"汇演。

动作戏剧的诞生就等于是我把中西方戏剧形式结合起来，派生出了一种新的戏剧形式。我觉得我一生的最大意义是在这儿，动作戏剧获得了欧洲主流社会的认可，而且每年都定期举行汇演，这说明动作戏剧在欧洲将成为一种常态的艺术形式。只要每年举办一次汇演，大家就都会想要在汇演中获得奖项，要获得奖项，取得成功，那么他们肯定要学习中国的京剧。京剧在欧洲已经获得了认可，这让我觉得很欣慰。

实践剧目

在欧洲实践"动作戏剧"期间，我们排演了很多剧目，这里我想以我参与导演的《西游记》和《圣·拉兹洛国王》为例，解释一下我们具体是怎样将中西方艺术结合起来的。

1993年8月，匈牙利裴多菲国家大剧院向我们发出邀请，我们得以和匈牙利的国家剧院合作，这离我们共同创造东西方戏剧结合新形式的愿望更近了一步。在这样艺术氛围浓厚的顶级大剧院工作，我觉得很开心。经过认真的排练和磨合，1994年7月1日，我们与匈牙利艺术家同台演出了第一部剧目《圣·拉兹洛国王》。

《圣·拉兹洛国王》是一部表现宫廷斗争的大型歌舞剧，也是第一部以匈牙利的故事题材为基础，用中国京剧程式化的表演形式来演出的戏剧。我和叶老师在剧中饰演为国王演戏的两个宫廷演员。我们改变了匈牙利音乐的模式，用中国民族唱法和旋律演唱匈牙利歌曲，大受欢迎。

在一出表现人的内心活动的戏中，有一段国王与囚徒的对话，原本没有道具。我运用京剧写意手法推出一个方凳，让两名演员蒙着红丝绒跪在方凳左右，伸出胳膊构成扶手，象征国王的宝座。国王悲痛时“扶手”就开始波动，恐惧时“扶手”交叉在一起，受到上帝威慑时就颤抖，非常形象地展现出国王复杂的心理活动，令匈牙利戏剧家们叹为观止，连声称奇。而剧中的京剧武打精彩逼真，扣人心弦，为我们赢得了满堂彩。演出结束后，我们原来准备的四种形式的谢幕都用光了，观众仍然热情不减，我们只好现编出几种新花样再去谢幕，最长的一次谢幕足足持续了有十分钟。

《圣·拉兹洛国王》是一部以京剧手段表演的匈牙利题材的戏剧，《西游记》则是我们把中国题材以中西结合的艺术形式搬演在匈牙利戏剧舞台上的成功案例。1994年初，我就开始了把中国古典名著《西游记》移植到匈牙利戏剧之中的准备工作。《西游记》在20世纪20年代就已经被翻译成匈牙利语，深受匈牙利人民的喜爱，因此这个题材有一定的观众基础。为使《西游记》更适合现代西方人的口味，我请匈牙利剧作家按匈牙利人的思维方式取舍、改编。我把京剧、绍剧、电视连续剧有关《西游记》题材的录像带和介绍中国戏曲服饰的材料都提供给了他们。用了将近半年的时间，《西游记》剧本才改编完成，新剧本只保留了真假美猴王、三借芭蕉扇、西逢女儿国、唐僧认母等情节，其他的都删掉了，全剧总长度不到两个小时。

我跟匈牙利的同事们商量了一下，决定采用室内剧的形式来演这场戏，这样观众可以近距离观看；去掉了沙僧这个角色，剧情删减，任务也大大减少，我们只用了13个演员，每个演员承担3个角色。叶老师扮演孙悟空，我演女儿国国王，其他的演员都是匈牙利人。由于欧洲人再怎么化妆，也难以掩盖其白种人特征，加之每个演员都要演多个角色，这种情况下，再采用京剧化妆的方法就不太合适了。我就给每个角色做了一个面具，这是受荷兰戏剧的启发所想到的方式。只有孙悟空、猪八戒、唐僧这三个人不换面具，剩下的演员都要换面具。我也要换面具，我因为演女妖、迷惑唐僧的老太婆以及女儿国国王三个角色。这样做有两个好处：第一，这样做成本低；第二，一人饰演三个角色，人员分配和使用更合理，也给演员表演发挥以更大的空间。叶老师演的孙悟空也是戴面具。只有我饰演女儿国国王的时候没有戴面具，主要是为了突出京剧的东方美。

就整个舞台设计来说，在隔着墙不到一米的地方，我用了三块大的竹帘子，竹帘子后面摆的是宫灯。灯全开的时候，观众看见的是女儿国国王的宫殿，灯一关，舞台上什么也看不见。一组竹帘子挑起来，那是唐僧的家。另外一组竹帘子挑起来，只见妖魔鬼怪的洞穴。我用大写意的方法，把京剧的虚拟性表现出来，这些外国人之前没有想到过。其实当时我们没有竹子，就把木头条儿一条一条地粘到纱布上当“竹子”。有的木条儿是直接粘上去的，有的就只是做了一个“竹节”，总之灯一打，看上去就是竹子样子的。

当时剧组中有一个特别出色的女演员，叫久拉，我非常喜欢她。她在“三借芭蕉扇”这个情节中演的是一个最重要的角色“铁扇公主”。孙悟空要钻到铁扇公主肚子里，我设计的是让两个角色对穿翻两个跟头，久拉翻跟头翻得很好，叶老师翻跟头的功夫更好。二人翻着跟头在舞台中间交叉的时候，我用了一束蓝光和一束红光，像激光一样打过去马上又缩回来，“唰”地一下，二人迅速立在台前，红光照着孙悟空，那是在铁扇公主的肚子里，蓝光照着铁扇公主。进到肚子里的孙悟空什么也看不见，开始在肚子里折腾。铁扇公主开始肚子疼了，她就拍自己的肚子。这时候孙悟空配合铁扇公主拍打的动作翻了好几个跟头，表示铁扇公主的拍打震得孙悟空翻了好几个跟头。铁扇公主往左边儿拍，孙悟空向左边儿翻，往右边儿拍，孙悟空往右边儿翻。孙悟空一翻跟头，铁扇公主就疼得死去活来，倒在地上打滚儿。最后孙悟空被震烦了，生气了，拿出金箍棒，玩起了“皮猴儿”，铁扇公主疼得不行了，就开始原地走虎跳，铁扇公主需要配合孙悟空的动作走的叠筋儿，这些高难度的技巧这个女演员久拉都能胜任。因为我们在那里对演员们的培训、排练计划都是很严谨的，计划表上都精确到了每分钟，雷打不动，她能够完成这些技巧动作，也是我们训练的结果。

这个场景虽然一句词儿没有，完全是两个人虚拟的表演，但是剧情被渲染得很好。到最后有一个情节：孙悟空让铁扇公主放他出来，又怕被骗，就把金箍棒往上捅，试探她。我让铁扇公主在自己背后，也就是观众看不到的地方，也拿了半根儿棒往上送，和金箍棒是一样的材质，孙悟空把金箍棒往上一捅，铁扇公主的身后也露出一节木棍儿来，配合得很好。捅到铁扇公主的嘴时，她一咬，就“咯嘣”一声，这里我使用了声效，有金属声和牙碎了的声音，特别逼真，效果特别好。最后铁扇公主支撑不住，张大嘴要放孙悟空出来了，我又用了光，光柱一伸一缩，两个人又开始翻跟头。这次翻跟头的方向跟一开始孙悟空钻进肚子时翻跟头的方向相反，表示他从肚子里出来了。孙悟空一溜烟儿地就跑了。

演员借助京剧表现手法，加上默契的配合，才使得孙悟空在铁扇公主腹中翻江倒海的场景生动地展现在观众面前。这场戏，观众基本上全都站着看，而且是屏住呼吸看完的，因为他们之前根本没有见过这种表演形式，觉得很新鲜，很精彩。

在“西逢女儿国”这场戏里面，我演女儿国国王，我要用魅力留下唐僧，表达对唐僧的爱恋。但是要想留住他，需要技巧，我采用的是舞绸子的方式。我是这么设计的，我献出一个百宝箱，然后打开箱子，把蓝色的绸子一点儿一点儿地抽出来，拿出来以后“啪”地搭在肩上，再慢慢拽着绸子出来，一根绸子将近八米，两边加起来十几米，很漂亮，观众的眼睛随着绸子在动，绸子舞起来给人的感觉是无尽无休，就像女儿国国王对唐僧的款款深情一样绵延不绝。观众不知道我后面要干吗，都好奇地盯着绸子看。我采用京剧《夜深沉》的音乐伴奏，舞了一段绸子舞，宛如天女下凡一般表现女儿国国王的美丽多情和对唐僧的一往情深，下腰、抛绸子这些技巧都用完之后，在这段舞蹈结束时我把绸子舞成一个弧圈儿，“唰”地一下，圈住唐僧，把他包围起来。这一幕，让观众对京剧之美有了更深的感知。因为我是在匈牙利的戏剧里面演示了我们京剧的东西，他们比较容易理解，语言他们也懂，我们到德国说德语，到英国说英语，到匈牙利说匈牙利语，不存在沟通上的障碍，而且动作语言对于他们来说，理解起来也很容易。服装上，我采用欧洲人比较认可的藏传佛教的服装，唐僧不穿红色的袈裟，只穿云游和尚的便服，一只胳膊露在外面，披着深红色的袍子，这都是匈牙利人印象中的佛教和服装。所以要真正深入了解他们的文化、生活，才能采用他们能够接受的艺术语言和形式来表达，也才能使他们更易于理解和感受我们的文化和艺术。

1994年的10月1日，《西游记》作为匈牙利国际戏剧节的节目在裴多菲剧院上演，也算是中西合璧的一个创造，观众被征服了，不住地欢呼“迪差啦”，意思是“最好的”。现场的外国艺术家也深深被震撼了，觉得这是“整个艺术节上最出色的表演”。正因为融合得好，观众看得明白，亮点也都展现得很充分，所以科尔总理才称赞说没有切凿的痕迹，所以《西游记》才获得动作戏剧节的三个奖项。后来这场戏还成为了剧院的保留剧目。

其实不只是《西游记》和《圣·拉兹洛国王》，还有好多戏剧我都把京剧和当地的戏剧相结合。有部动作戏剧，其中有一场是女儿离家出走，父亲紧追不舍的情节。由于动作戏剧强调动作原型化，不太讲究美感，因而这场戏显得比较单调。我参与导演后，安排一群演员，跳着节奏强烈的民族舞组成一道“城墙”，借鉴京剧中“千军万马”排列组合的形式，使“城墙”一会儿“二龙戏水”，一会儿往来穿梭，用拟人化的手法，鲜明地烘托出剧情的紧张。这一系列成功的融合，令我觉得很感动，是艺术的力量令我感动。我用戏曲、用京剧换取了一次公共外交的成功，换取了欧洲对中国艺术的好评，我觉得这不完全归功于我，要归功于博大精深的京剧艺术的感染力。

通过这场演出，我更加确认，我们在对外演出中，要采用当地观众能看懂、能接受的形式来设计，不能只顾自己方便，把中国的艺术原封不动地搬到国外舞台上。我们对外展示是一方面，受众能否接受、能否明白我们所要表达的东西，这是更重要的一方面，否则我们的对外传播、交流就没有多大意义了。

跨文化的传播，一定要考虑文化折扣问题。所谓文化折扣，指因文化背景差异，国际市场中的文化产品不被其他地区受众认同或理解而导致其价值的减低。任何文化产品的内容都源于一定的文化，而理解某一文化产品就需要对这一文化产品产生的文化背景有所了解。

我们的文化产品在对外传播时，必然要遭遇“文化折扣”问题。中国是文化产品消费大国，像好莱坞电影一样的外国文化产品无疑对中国消费者有着巨大的吸引力。即便如此，制作方为获取尽可能大的利润，也不得不考虑如何解决“文化折扣”这一问题。现在很多好莱坞大片在拍摄时，都会启用中国演员，或者在剧情中加入中国元素，比如风靡全球的好莱坞动画片《功夫熊猫》，无论是故事、造型，还是音乐，都带有浓郁的东方色彩。

同样，我们的文化在对外传播时，也不得不面对这一问题。

京剧是中国优秀传统文化的代表和体现，通过观看、理解京剧，其他国家、民族的人能够更好地了解中华文化的价值观、审美情趣等内涵。但西方人要完全理解京剧的艺术特色和文化内涵，却又障碍重重。京剧无论是语言、故事，还是表演风格、审美取向，都与西方人熟知的艺术形式相去甚远。要一个看惯了戏剧，或者是听惯了交响乐的外国人喜欢上来自东方的京剧，这绝对不是一件容易的事。东西方文化的固有差异对我的文化交流工作来说既是挑战，又是机会——它使得我不得不去思考这个问题：如何实现京剧的“西方化”以满足西方人的审美习惯？

在很多人看来，这或许是个“大逆不道”的问题。京剧之所以被称为国粹，就是因为它骨子里的“中国特色”。作为一个京剧演员，我不想着如何继承前辈的财富，却整天想着“以夷变夏”，这无疑是对传统的背叛。

要使京剧为西方人接受，除了京剧本身的魅力之外，还要考虑在两个地方做文章：一是故事本身，二是故事的表现手段。所谓故事本身，就是除了原有的故事外，尝试用京剧的手法来表现西方文学经典、民间故事等，即用京剧这个“旧瓶”装西方故事的“新酒”，这样既能让西方人看到自己熟悉的故事，又能同时领略京剧的魅力。

这里有一个例子，1954 年周恩来率代表团赴瑞士参加日内瓦会议，会议期间代表团为外国记者举办电影招待会，放映故事片《梁祝哀史》。这部电影根据越剧改编，故事凄美动人，是一部上佳之作。出乎工作人员意料的是，电影没放多久，观众就渐渐散去，原因当然是看不懂。

后来负责电影放映的熊向晖无奈地向周总理汇报准备工作，周总理给他出了个主意："只要你在请柬上写一句话：'请你欣赏一部彩色歌剧电影——中国的《罗密欧与朱丽叶》。'放映前，用英语做个三分钟说明，概括地介绍一下剧情，用词要有一点诗意，带点悲剧气氛，把观众的思路引入电影，不再做其他解释。你就这样试试，我保证不会失败。不信可以打赌，如果失败了，送你一瓶茅台酒，我出钱。"

于是熊向晖照办，结果放映室座无虚席，放映大获成功。

这个故事，我们在佩服周总理智慧的同时，可以窥见中国戏曲在对外传播时面临的阻碍：语言和文化障碍。并不是所有的戏都可以简单地改个名字就摇身一变成为"罗密欧与朱丽叶"。要改变当前的不利局面，还需要在故事的西方化上下功夫。

所谓故事的表现手段，即在保留原汁原味的中国经典故事的前提下，尝试采用西方人易于接受的表现形式将故事"娓娓道来"，以取得更好的传播效果。但这种尝试也应把握限度，保持京剧的特色，毕竟只有"中国的"，才是"世界的"。

在国外交流这么多年，我所做的不仅仅是"交流"，更是"推广"，我最希望看到的就是我所热爱的京剧能为越来越多的观众所喜爱。无论动作戏剧，还是下面提到的交响京剧，都是我从以上两个方面入手所做的尝试。这种尝试并不是京剧对西方观众的“妥协”，而是立足于京剧发展需求的艺术创新。我不能保证我的这些尝试能够影响京剧的发展，但至少就目前来看，我的这些创新被包括知名艺术家在内的东西方人接受了，可以说是成功的。

我认识到了京剧在对外传播中的问题，并做了积极的尝试去解决这些问题。但这一问题同样存在于中国其他领域的对外传播，而且并没有得到妥善解决。举个例子来说，中央电视台现在有英语、西班牙语、俄语等很多外语频道，但是在国外的接收率并不高，至少在美国是这样的。这些电视台的语言都是过关的，那么收视率低是为什么呢？其中一个重要原因就是，电视台没有与当地民众生活切身相关的业务，传达的信息里面没有当地的社会新闻、天气预报、股市情况，就算有，播送的速度也远远不能跟当地的电视媒体相比。只有那些对中国感兴趣的人才会主动选择这些频道。再比如说我们中国一些旅游胜地的网站，很少能够用英文介绍自己；有的英文网站，对于中国文化背景知识的介绍，外国人根本看不懂，因为网站设计的结构和信息不符合外国人的文化习惯。我们中国有句老话说得好，“客随主便”，我们到匈牙利，首先就要了解他们，尊重他们，才能达到比较好的、比较有效的宣传效果。因为国外观众的文化环境、文化传统、生活习惯和语言是跟中国有巨大差异的，我们要考虑他们能不能够理解和欣赏。京剧毕竟太民族化了，把它原封不动地搬上欧洲舞台，不仅难度大，而且不易被西方人接受。如果我们改变一下宣传和交流策略，把京剧的一些表现手段揉进欧洲动作戏剧之中，使之变成他们自己的东西，他们就会自然而然地找到共通点，并乐此不疲，长演不衰。

2011年10月，在北京的“全球化时代的公共外交”研讨会上，麦启安（Alistair Michie，英国48家集团秘书长、新洲国际集团政府与商务事务顾问）曾经阐述过一种理论，叫做“国际声望管理理论”，简称IRM。IRM和旧式的对外宣传方式有着显著不同：旧式对外宣传，定位在事实；IRM则通过巨大努力来刺激受众的兴趣。旧式对外宣传，信息是单方向的；IRM则是双方互动。旧式对外宣传，利益相关方的利益至上；IRM的途径则是协作完成。旧式对外宣传，语境中只有中国文化；IRM则将多文化背景纳入考虑范畴。旧式对外宣传，语言是中文的字面翻译；IRM则侧重于本土语言风格。旧式对外宣传，团队中只有中国人；IRM则将中外专家汇聚一堂。实际上古人早就帮我们树立了一个理论，就是《孙子兵法》所说的“知己知彼”，关键是我们要认识我们的受众，看他们对我们了解多少，然后设计策略把他们的想法引导到我们想让他们去的地方。总而言之一句话，只有真正了解了受众之后，我们才能想到如何使我们的宣传更有效。对外传播推广我们的文化时，要时刻记住受众是外国人，要用外国人听得懂的表达方式，要把自己的想表达的内容和受众的需求、兴趣结合起来，认清楚对内和对外表达方式有所不同这一规律，否则就会南辕北辙、事与愿违。

文化交流的代价与收获

“动作戏剧”诞生以后，我们就变得异常忙碌。各个国家不停地有人来跟我们学习交流，邀请我们去教学、示范，那时候我基本上就是穿梭在匈牙利、德国、荷兰、波兰几个国家之间。

我除了参加动作戏剧排演外，还会给其他剧团作指导。比如在德国有一个小剧团请我过去，要求我给他们指导一下戏剧的结构，我就把他们的剧本结构具体看一下，然后进行修改，我用了大概十天的时间给他们的导演进行讲解，把结构性的东西交给他安排设计，然后再去教演员表演技巧。再比如土耳其有一个剧团请我去，他们的戏基本上已经成型了，我就帮他们把成型的东西稍加修改，就又是一出戏。还有的剧团希望我做一些点评。我在给他们讲学、指导的过程中，就已经把中西方的东西糅合到一起了，甚至连我自己都分不清什么是京剧的东西，什么是西方戏剧的东西了。但是，中国京剧、中国文化的那根弦还在我的脑子里面，我也在不知不觉中将其运用到我指导的戏里，观众看到都觉得很新颖，我们给他们戏剧里原本呆板的东西注入了新的元素，有时不只是中国的京剧，还有其他一些东方艺术元素，比如印度舞，这也是一种文化的延伸和传播。

这样四处奔波忙碌的工作使我们根本没时间照管女儿叶菲。年幼的叶菲被我们一放下就是三个月，一放下就又是三个月，因为我们一出去可能不只是走访一个国家，要一连串儿地把好几个国家都走完。所以往往隔三个月我们才能见一面，但见面没多久又不得不再次分别。作为父母，我们很少能有时间陪她，但同时这也是她成长、成熟的一个过程，而且可以说是“迅速成熟”的一个过程。我们出去的时候，就把她放到州长的家里面，州长的夫人是她的教母，一家人都特别喜欢她。但是不管怎么说，别人家毕竟不是自己家，到人家家里就要听人家的话，“客随主便”遵守他们严格的作息规范，还有服装礼仪上的一些要求。我们都不在她身边，她难免会有一种寄人篱下的感觉。州长家的家庭教育是一种西方贵族式的教育，而她生活在州长家里面，也就是接受西方贵族教育的一个过程。她要求自己按时做功课，要赶在州长的孩子之前完成作业；她自己换洗、整理衣物，学习在不同的场合得体地穿衣。总之，在州长家庭的影响下，她生活很有规律，学习也非常好，总是给我们领回小红豆来。

在饱受一家分离之苦的同时，我们还要承担工作本身的风险。1996 年，叶老师排演《艺术家的节日》，演员在推叶老师时用力过大，结果叶老师几个踉跄，后脑勺就磕到那个布景的铁板上了，颅骨骨裂七厘米，当场就失去了知觉。我们剧组成员全都涌向医院，要求院方想尽一切办法抢救。医院的办法是把叶老师放在冰床上。这一放就是四十多天，只有微弱的呼吸，没有任何意识。当时我就想这下完了，以后可能就没这个人了，觉得特别痛苦和无助。好在叶老师命中注定大难不死，在冰床上呆了很长时间之后，终于有了知觉，一点点儿恢复，慢慢可以行动了。但他的身体就失去了平衡感，他觉得自己是正常走路，在别人看来却是歪着的。叶老师非常苦恼，最后没办法，只能扶着墙走。后来我们带他到美国治疗，才慢慢纠正过来，现在他已经恢复得相当不错了。还好这次事故没让叶老师变成残废，不然真成了“出师未捷身先死，归来英雄泪满襟”了。

类似的不幸也曾发生在我身上。1991 年年底，有一次我教匈牙利学生踢枪，不小心被枪扎到眼睛，当时一下什么都看不见了。医生检查后说有严重的眼底出血，有失明的可能。我当时特别着急，如果失明，以后就没法唱戏，更别说文化交流了。当时住在外交医院，医生说要静躺，不能抬头，不能乱动。时任中国驻匈牙利大使戴秉国先生很紧张，因为这算是一个大事故了，大使馆很多人也去看望我。医院也非常周到，尽力做中餐，保证我每天有一顿可口的饭，那是相当不容易了。我在医院躺了两个多月，不知道眼睛什么时候能好。因为白天大家都上班，只有晚上才有人来探望，可以说是又紧张又寂寞。我一个人的时候就唱戏，从第一场唱到最后一场，每个角色都唱，以此来打发时间。

稍稍能动一点儿的时候，他们就拉着我去多瑙河边听涛声，放松心情。我两只眼睛都蒙着，扶着栏杆从布缝里看多瑙河和对面的国会大厦。最后我先生叶老师也赶来了，他给了我莫大的安慰。所幸后来终于康复，也留下了后遗症，到现在两只眼睛的视力都不一样。

住院的两个月间，李亚娟一有时间就来看我，照顾我，陪我聊天。欧洲人很爱干净，她让我每天都换衣服。我换下的衣服，她帮我拿去洗。正所谓“患难见真情”，在异国他乡出事固然不幸，但这次遭遇也让我见识了匈牙利人民的善意和热情，这更坚定了我为推动两国文化交流而努力的决心。

一家人聚少离多，我和先生险些残废，这就是我付出的代价。我想我俩的命都是捡来的，连死都见过了还有什么可怕的。但付出的同时也有收获，我们最终还是为中西艺术融合，为中欧文化交流做出了一些贡献，这我就很欣慰，付出再多也值了。

见证历史性的一幕

——勇于承认错误的民族是伟大的民族

正当我自由驰骋在艺术海洋的时候，一件意想不到的事发生了。也正是这件事请，让我觉得东方的京剧是真的被西方人接受了。

正当我忙于动作戏剧排演之时，我接到一个电话，是德国总理科尔办公室打来的。总理想邀请我们去波兰见证一个伟大的时刻。当时我并不知道是什么事，就请示了中国大使馆，在得到大使馆同意后我就去了波兰。去了之后我才知道，德国总理邀请我们的目的，是要我们见证德国人给波兰人民下跪赔罪这一历史性的时刻。

1995 年 6 月，科尔总理继勃兰特之后，再次双膝跪倒在犹太受难者的纪念碑前，代表德国表达对自己国家所犯错误的悔恨，请求死难者的宽恕。早在 20 世纪 70 年代，联邦德国总统赫利就向全世界发表了著名的赎罪书，向世界表达他们的忏悔以及渴望世界和平的愿望。德国总理勃兰特在波兰犹太人纪念碑前下跪谢罪更是举世震惊，有人称之为“欧洲约一千年来最强烈的谢罪表现”，勃兰特还因此获得了“诺贝尔和平奖”。1994 年 8 月 1 日，当时的德国总统赫尔佐克在波兰“纪念反法西斯起义”的纪念大会上，再次在战争受害者墓前谢罪，请求他们宽恕德国人给他们造成的痛苦。

那天，在科尔总理下跪的一瞬间我的眼泪就涌出来了，我为这个民族敢于承认错误的巨大勇气，敢于对错误负责的担当而感动。德国不只是在犹太受难者纪念碑前下跪这么简单，他们的确是在用自己的实际行动表达歉意，并希望能从经济上、精神上补偿受难者。科尔在出席莫斯科举行的“纪念战胜纳粹德国50周年”的活动时也曾说过：“向死难者们请求宽恕。”德国总统赫尔佐克更是承认，德国在二战中对犹太人的屠杀，是德国历史上最恶劣、最无耻的事件，整个国家都成了有组织的犯罪的凶手，他们心甘情愿偿还“战争债”。

战后的德国一直在心甘情愿地进行彻底的赔偿。施罗德在获得大选胜利后发誓，要对那些还没有获得赔偿的纳粹受害者进行赔偿。德国的一些大公司如西门子、奔驰、大众等，也为“纳粹劳工”设立巨额赔偿基金，对遭受纳粹迫害的劳工幸存者进行赔偿。德国还向波兰、俄罗斯、捷克斯洛伐克等受害国家，尤其是其中的犹太民族进行经济上的赔偿。除了精神上的谢罪和经济上的补偿以外，德国议会还通过了《反纳粹和反刑事犯罪法》，意在彻底扫清纳粹余孽。该法明确规定：不准为二战的侵略行为翻案。德国政府在当年的纳粹集中营遗址上开设纪念馆；在首都柏林著名的勃兰登堡门附近立起了由2700根方柱组成的纳粹大屠杀受害者纪念碑；他们还把法西斯的罪行写入了教科书中，让自己的国民以及子孙后代时时刻刻牢记德国纳粹给犹太人带来的巨大灾难，提醒他们不要忘记自己的国家在历史上所犯下的错误，避免悲剧再次发生。德国在教育、立法、经济上都在用实际行动履行自己的承诺，也表明了德国人的诚意，他们要尽量弥补当年的错误，绝不允许纳粹抬头。这个国家的种种实际行动表明，德国人绝不会忘记发生在纳粹集中营的种种罪行，并将始终致力于建设宽容、没有偏见的社会。

德国的这种真诚忏悔的行为使我联想到日本——二战的另一个罪魁祸首。这两个民族显然具有不同的民族文化，他们对所犯罪刑的态度也是天壤之别。日本到现在也没有为自己向中国发动的战争道歉，拒绝承认对中国侵略，甚至歪曲历史，为其发动的这场惨绝人寰的不道德、非正义的战争寻找借口。日本这种傲慢无理的态度，使得饱受战争创伤折磨的中国人在感情上始终难以接受日本。一有风吹草动，就会激起中国民众的民族情绪。

与之相反，德国人是一跪泯恩仇。波兰人能不原谅他吗？欧洲人能不原谅他吗？“欧债危机”的时候不还是德国拉着欧洲这辆车往前跑吗？德意志民族还是一个伟大的民族，拥有悠久的历史和灿烂的文化，其哲学、人文艺术和科学技术都对世界产生了重要影响。不能因为希特勒的反人类行为就否定整个民族、整个国家。

战争没有胜利者，没有哪一个国家能够在战争中全身而退。德国在历史上也有过惨痛的教训，但是他能够正确对待历史，深刻地反省自己，这不能不让人心生敬意。

德国总理邀请外国人去见证这历史性的一幕，这也是公共外交。见证者会传达出来一些声音，会帮助德国人重塑一个负责任国家的形象。在公共外交的过程中，我可以影响别人，别人也可以影响我，别人影响我的一些好的东西，我可以再用来影响别人。我觉得公共外交不只是“传出去”，也会有“收回来”。我也能够从对方那里得到一些反馈，进一步加深对他们的理解。所以说公共外交不是单方面的一条线，而是多领域、多范畴、多角度的互动，是可以循环的，对话的双方都能从这个过程中受益。

传播学中有一个经典理论，即“意见领袖”理论。意见领袖就是指那些在人际传播网络中经常为他人提供信息，同时对他人施加影响的“活跃分子”。德国总理邀请我们去见证他们的赎罪，其中就有这一理论的影子。他们邀请的人，都是各个国家、各个领域的精英，不仅在自己的行业成就非凡，更对社会大众有着广泛的影响力。而他们的影响力，就意味着信息经由他们而可能达到的传播力、辐射力和感染力，这样的传播效果当然比德国政府单方面的宣传更有力。

这对中国同样具有启发意义，我们不仅要“说话”，说出去的话更应该被别人听到；我们不仅要做，做的事情更要被别人看到。无论是“说”还是“做”，这仅仅是总体规划中的一环，有效的公共外交活动必然是周密计划、环环相扣的，环环相扣形成一个连绵不断的传播链，将我们的声音送得更远。

我们的很多文化交流活动都是由政府支持，也习惯了由政府充当发言人的角色。实际上，政府发言不仅存在诸多不便，其传播效果也有限。因为西方语境之下，公众对政府怀有天然的不信任，在他们看来官方腔调也缺乏亲和力和感染力。我们不仅要由政府发声，更应该借力更多的人，尤其是西方社会中的精英们。我们要给他们机会见证我们的努力，给他们机会去表达，通过他们去传递我们的声音。这样，我们就可以变单向、两级的传播为多向、多级的传播，通过西方人来影响西方人，取得最佳传播效果。

与匈牙利依依惜别

早在 1996 年，我就接到了时任中国驻联合国大使李肇星的邀请。他对我说，中美的伙伴关系日益紧密，这种伙伴关系的地位也越来越高，我应该到美国来做文化交流。美国的确是一个超级大国，影响力大过欧洲。可是当时我真不想走，匈牙利生活很舒服，工作环境很好，我开车出去随便拐一个弯儿就能买到自己想要的东西，再穿过一条街道就能很快地把自己的事情办完，十分方便，更重要的是我觉得在这里我得到了一个艺术家应该获得的尊重，精神很愉快。电台广播节目里天天播放着用先生叶金森名字编成的小曲儿“叶叶叶叶呀么‘叶因森’……”（西方人很难发出“金”这个音），天天听着，也觉得很高兴。孩子在那里上学也很好，我已经习惯了那里的生活，潜意识里甚至把匈牙利当成了我们的第二故乡。

匈牙利是多瑙河畔的明珠，有着深厚的文化和艺术底蕴，创作相对自由，他们的根茨总统本人就是著名的作家。盛产音乐家，人民热爱戏剧，戏剧氛围浓厚。在这样的环境下，进行文化交流，我可以学到很多东西，能够拓宽我的思路，于我的艺术生涯非常有益。我在匈牙利进行文化交流的过程中，总有一种巨大的成就感。在匈期间我们也导演了很多戏，匈牙利高端的访华，我都会参与、陪同，每个代表团访华也都希望我能陪同，这样他们在中国的工作和生活能够方便一些。包括中国人在匈牙利遇到困难，大使馆不便出面解决的，我也能帮忙解决。比如有一次北京电视台台长刘迪一带着英文翻译姜华（现在是北京电视台的主播）去访问匈牙利的电视台，因为他是私人联系的，去得也比较仓促，没有完全联系妥当，与匈牙利电视台台长也没有完全沟通好。所以，大使馆也没办法帮忙。在那个年代，各国电视台的合作还很少，因为意识形态很难冲破。这时候他们就找到了我和叶老师，而我又找匈牙利电视台一台台长安德烈、二台台长蒂博尔帮忙协调，他们都是我的好朋友。后来我又到中国大使馆寻求支援，文化处派了一个一秘，叫符志良，人非常好，由他陪着刘迪一一起去匈牙利电视台谈判，促成了北京电视台和匈牙利电视台的全面合作，达成了一个重要协议。协议的签订仪式是由我陪同匈牙利电视台台长到中国来签的。还有一些小事情，比如中国的公司在匈牙利出了什么问题，大使馆解决不了，商务处解决不了，然后我就打电话给匈牙利内务部寻求帮助。再如有的同胞的居留证到期了，限期离境，但是他的货没处理，必须留下，不能带走，大使馆就会找到我出面帮忙。这都是使馆派的任务，用我的名字跟他们打交道，好像比大使馆出面还方便一些。反正只要大使馆有事儿找我，我必然帮忙，长此以往，大使馆就跟我们的家一样了。

对于我们在匈牙利的努力，使馆也认为我们起到了某些外交的、政治的手段无法取得的成效，甚至比去一个团的影响还要大。身在异乡，中国驻匈牙利大使馆的关照也使我倍感亲切。每次去了大使馆，大家总是热情招待，甚至使馆里不知谁家的猫生出来的小猫儿我们都抱回去一只养着。

在匈牙利的几年，都是美好时光。虽然李肇星大使多次提过让我去美国交流的事儿，我始终还是舍不得匈牙利。还有一个主要原因是，我到美国干什么，我还没想好。所以我一直都拖着，没有给李大使答复。

初识凯瑟琳·德纳芙

1989 年，江泽民同志还在上海当市委书记时曾邀请凯瑟琳·德纳芙访华。德纳芙是法国的影后，主演了《驴皮公主》、《歌舞女郎》、《前进与死亡》、《别人的钱》、《最后一班地铁》等经典影片，她细腻、生动的表演给人们留下了极为深刻的印象。

来到北京，在看完我的一场演出后，凯瑟琳·德纳芙便彻底被京剧所震撼。我在台上跪着唱了50分钟《玉堂春》，她被我跪着唱的手势所打动。演出结束后，她走上台来与我交流。那行云流水一般的招式，令她眼花缭乱、应接不暇。她说我的手势非常的优美，于是我就把兰花指教给了她。这种艺术震撼并不是轻而易举就能够体会到的，必然要求对方也有着同样的艺术修养或者艺术感受力，同时思想的高度要一致，对于艺术的追求要相同。她痴迷地摆弄着兰花指，用她西方人的思维去理解兰花指的含义，用她西方人的肢体语言去对兰花指进行诠释，这也是一种文化的融合。

凯瑟琳·德纳芙小姐与我交流完后并向我提出邀请，希望我能去法国做一次深层次的文化交流，并反复强调："你要告诉他们京剧有多美，你一定要告诉他们京剧有多美！"只可惜后来这事儿因诸多原因被搁置了。

在法国遇到的大熊猫问题与西藏问题

大熊猫问题

在法国的一次经历使我记忆尤为深刻。那是我跟随全国政协外事委员会的访问团拜访法国的和平议长阿尔帕伊。代表团成员在拜访之前事先召开了沟通会，商讨拜访事宜，对大致情况进行了讨论，包括双方的关注问题、谈话中避免涉及的内容、可以涉及的要注意深度的拿捏等一系列问题。讨论强调了要极力避免涉及任何与大熊猫相关的话题。

大熊猫问题由来已久。1973 年，时任法国总统乔治·蓬皮杜访问中国，总统代表法国的孩子们对周总理表达了想要一只大熊猫的愿望。热情的东道主慷慨地送了一对大熊猫给法国：燕燕和黎黎。其中的雄性熊猫“黎黎”在抵法不久后便去世了，“燕燕”也于 2000 年去世。此后的 11 年，法国再也没有大熊猫。2010 年，为争取一对大熊猫赴法，中法高层为此展开了近两年的谈判。2010 年 11 月的 G20 第五次峰会上，中法两国定下了租借熊猫的协定。2012 年 1 月 15 日，中国租借给法国的大熊猫“欢欢”和“圆仔”搭乘专机飞抵巴黎，在这里开始它们为期 10 年的中法大熊猫繁育合作计划。

在我跟随代表团访法之际，大熊猫的事宜进展十分顺利，这本来是一个有利于拉近双方关系的友好话题。然而，由于当时的萨科奇政府在利比亚问题上的强硬态度，使得在那段时期中法关系非常微妙，此时的大熊猫就不再是一件纯粹的礼物，更有着深层次的象征意义——是否向法国赠与大熊猫，很大程度上标志着中国政府在利比亚事件上的立场。

在这里有必要交代一下背景，2012 年的法国大选是在时任总统萨科奇和社会党候选人奥朗德之间进行的。2012 年 5 月 8 日，奥朗德正式就任法国总统。如果我国政府在 2010 年就将大熊猫租借给法国，可能会被理解为我们支持萨科奇政府。而实际上，萨科奇政府作为法国右翼势力代表，在西藏问题上不顾中国警告，悍然接见达赖，使得中法关系一度陷入僵局。由于外交事件往往彼此联系，因此我们高端代表团访法时是不可以从外交层面进行示好的。

为了避免在同法方会面时谈及大熊猫问题，我们计划在交流时就只谈文化。由于整个访问团中只有我与文化渊源最深，这次宴会几乎成了我的个人表演。我充分利用自己在表达上的优势，在饭桌上侃侃而谈：从中国文化的历史和特征，到我对法兰西文化的理解和认识，再到中法文化的异同，着实给法国人提供了一顿丰盛的“文化大餐”。当标志宴会结束的雪茄端桌，我才松了一口气。没有谈及熊猫问题，也没有涉及欧洲经济危机，这无疑是一次“团结胜利”的宴会。

最终宴会在轻松愉快的氛围中落下帷幕。宴会结束后，几乎每个到场的议员都来到我的身边，要求与我合影留念，成功的喜悦油然而生。在我看来，这不仅仅是一次得到圆满处理的外交事件，更是一次“艺术外交”的成功实践。

访法结束后，大使跟我说了一句话：“我要是能有你的十分之一就好了。”

艺术是一种高明而有效的交流手段，美国前总统克林顿的经历可以作为旁证。竞选伊始，克林顿参加电视节目，却被一个观众指责“只会吹牛”。克林顿并没有慌张，而是淡定地表示

“还会吹别的”。于是他拿出藏在背后的萨克斯，从容不迫地演奏了一曲，赢得了现场一片掌声。结果克林顿人气大增，并最终胜选。这就是艺术的魅力，不仅能给他人带来快乐，还能打消质疑，消除别人对自己的误解。在交往中恰当地使用艺术手段，可以实现“大团圆”的笑过，这无疑是所有外交家所梦寐以求的结果。

外交活动也难免会有尴尬的时候，有些情景甚至连职业外交家都可能束手无策。作为一个艺术家，我习惯利用艺术化的方式“曲线救国”，化解尴尬，完成外交任务。我将之称为“艺术的智慧”，即将艺术思维、艺术手段融入对外交往等政治活动之中。由于艺术的天然吸引力，这种“艺术外交”往往能取得正统外交手段难以达到的效果。这种智慧是每个参与公共外交的艺术家所必需的技能。

政治家有政治家的手腕，外交家有外交家的辞令，作为“专业人士”，他们的专业素养自然非常人所能及。但在我看来，最“聪明”的当属艺术家。因为在很多人印象中，政治家一向伪善，而外交家则习惯敷衍。这种心理定势往往会导致人们对职业外交家“有罪推定”，使得外交家诸般努力却收效甚微。而艺术家则不同，艺术作为人类共同的文化瑰宝，不仅不会引发人们的防御心理，更对绝大多数人有着天然的吸引力。在交谈中引入艺术话题，往往可以使交流更为愉快，也更为有效。

在当今的国际交流中，艺术扮演了重要的角色。作为优秀文化的结晶，艺术不仅仅能迅速让人找到共同话题，拉近交流双方的距离，更能形象生动、迅速有效地展示本国的优秀文化传统，消除文化差异带来的障碍。2010年英国首相卡梅伦访问美国，送给奥巴马的礼物就是一幅以“21世纪城市”为主题的字母画。奥巴马也是如法炮制，回赠卡梅伦一幅埃德·鲁思察的版画。

“艺术外交”的另一个例子是美国的“使馆艺术”项目。美国国务院的使馆艺术办公室（AIE）成立于1963年，已有近50年历史。20世纪60年代早期，约翰·F.肯尼迪总统将它正规化，任命了该项目的第一位主管。该办公室通过创建临时展览和永久收藏、艺术家和文化交流项目以及出版物，向世界各国推出美国当代艺术作品，推进美国艺术家与他国艺术家之间文化交流的项目，在美国公共外交中起着至关重要的作用。如今，AIE在世界各国的两百多个场馆，为全世界所有的美国大使官邸、附属机构、领事馆以及使馆居住区的代表性空间策划展览，展示来自美国以及东道国的当代艺术。

目前，共有两百多位美国艺术家的作品通过美国使馆展出。以美国驻华大使馆为例，美国驻华大使馆中最著名的艺术作品当属著名艺术家杰夫·昆斯的郁金香雕塑。

这座郁金香雕塑是昆斯“庆典”系列作品中的一件，名为“好运”。由不锈钢材料制成，总重量超过7000公斤。昆斯自愿将这件作品借给美国国务院10年，在他看来，“艺术家是有责任的，艺术应该以某种方式影响人类，使世界变得更美好”。

美国希望通过这些高水准的艺术展览来加强美国形象，增强他国民众对美国的好感。漫步其中，观众感受到的不仅仅是美国蓬勃发展的艺术事业，更是美国特色的文化和价值观。

美国不仅将艺术作为对外交往的手段，更将“艺术外交”上升到政策层面，设立专门机构来负责，可谓是“棋高一着”。

反观中国，我们在这方面与美国却还有很大差距。我们既不缺少传统文化，也不缺少现代艺术，缺的是恰当的展示、管理机制以及相应的政策支持。以京剧为例，中国驻外国大使馆也会有京剧主题的文化活动，比如中国驻日本大使馆曾邀请日本的京剧艺术家鲁大鸣做讲座，吸引了众多日本京剧爱好者，这其中既有七十多岁的老人，也有不满10岁的儿童，有的票友甚至从大阪和仙台远道赶来，只为感受京剧的独特魅力。中国驻哈萨克斯坦大使馆也曾举办过“京剧人物造型展”，作为展品的京剧人物造型制作精美，形象生动，更极具中国特色，吸引了大批参观者。美中不足的是，上述活动仅是零散存在，缺乏统一规划，也缺乏制度层面的支持。如果我们政府能成立一个类似于美国使馆艺术办公室的机构，专门负责我国驻外使馆的文化交流活动，专项拨款、整体协调、统一规划、集中推送，向外国民众推广我们的传统文化和当代艺术，其效果自然不是现在这些“小打小闹”能比的。

西藏问题

随后我又跟随访问团到了科西嘉——法国唯一一个少数民族聚集地。科西嘉位于地中海的东北部，是地中海三大岛之一。与法国其他地区不同，科西嘉不与法国大陆接壤，是个独立于法国领土的“孤岛”。科西嘉拥有自己的历史文化语言，并构建过短暂的独立国家和政治法律。除了地理上的孤立，科西嘉还拥有自己的语言——科西嘉语。科西嘉语是科西嘉文化的代表，是传递科西嘉文化的主要媒介，也是科西嘉人自我认同的基础。

历史上的科西嘉命运坎坷，曾先后被希腊、罗马、热那亚等国统治，并曾作为一个独立国家短暂存在。1768年该岛并入法国版图，成为法国领土中独树一帜的存在。在过去的两百多年来，科西嘉民族意识逐渐觉醒，岛上居民对法国政府长期以来强制推行的社会整合日益不满。自1975年以来，科西嘉民族独立运动萌芽，并且不断发展壮大，迄今仍未结束，这不仅不利于科西嘉的正常发展，更严重威胁法国的中央统治，统治危机、经济差距与文化价值冲突相互作用，加剧了社会的不稳定，成为科西嘉发展的最大桎梏。久而久之，便演变为学者眼中的“科西嘉问题”。

由于科西嘉地理位置、文化传统和社会矛盾的特殊性，尤其是民族分裂运动的存在，使得它的行政体制和治理环境与法国其他地区显著不同。时至今日，科西嘉岛内的民族分裂活动仍然没有停止，政府与民族分裂极端组织的博弈始终存在。

法国的民族政策跟中国不同，它不存在少数民族，所以法国人并不能完全理解中国的少数民族问题。这从法国民众对西藏问题上所存偏见可见一斑。2008年3月14日前后，西藏拉萨等地发生了打砸抢烧等恶性暴力事件，这也为西方社会的鼓噪提供了口实。不少欧洲国家领导人纷纷出面，批评中国的西藏政策，法国政府的立场尤为强硬。4月，奥运火炬在伦敦、巴黎等城市的传递活动遭遇藏独势力的恶意破坏。而西方媒体却以近乎幸灾乐祸的口吻报道了藏独势力的破坏活动。更有甚者，当年12月6日，萨科奇以法国总统和欧盟轮值主席的双重身份会见了达赖喇嘛。

萨科奇不负责任的行为遭到中国政府的强烈反对。对于中国政府的抗议，法国和欧盟官方的回应丝毫没有考虑中国人民的感受，片面强调"欧洲领导人有权会见任何人"。法国的《费加罗报》火上浇油，称有78%的法国民众支持萨科奇的此次会见。实际上，只有少数欧洲人了解真相，而其中又有人别有用心地从中作梗。绝大部分西方民众并不清楚西藏问题的来龙去脉，更不了解中国政府解放西藏百万农奴的历史，却被媒体不负责任的报道误导，错误地认为是中国侵占了"独立"的西藏、压迫藏民、压制藏传佛教，破坏藏族文化。在他们眼中，分裂分子达赖喇嘛则是遭受迫害的宗教人权领袖，是个不折不扣的自由斗士。实际上呢，西藏问题跟科西嘉问题性质并无区别，而法国政府对待两者的态度却是天壤之别。

由于法国政府在西藏问题上的暧昧态度，我们的科西嘉之行有着特殊的目的——以科西嘉为例，劝说法国政府在西藏问题上与中国政府采取一致立场。高访团首先拜访了科西嘉的地方领导，按照惯例，首先是官员们就双方关注的议题交换意见。但由于双方在关键问题上的分歧，交流开始不久便陷入僵局。我暗想，该我上场了。

我知道西方人喜欢具体的事例，而厌烦空洞的说教。于是我决定先从自己经历说起。我谈到，我是回族，而回族在中国则像科西嘉人在法国一样，是"少数民族"。我是少数民族的一份子，更是中华民族大家庭的一员。作为少数民族成员，我并没有遭受所谓的压迫，与此相反，我在中国的生活非常幸福。

接着我又谈到中国政府的少数民族政策。1949 年中华人民共和国成立后，党和政府制定了一套适合中国国情的、正确的解决中国民族问题的方针和政策，这些政策概括起来，就是民族平等、民族团结、民族区域自治和各民族共同发展繁荣四大原则。中国的政策不仅没有压迫少数民族，反而给予少数民族特殊照顾，内容涉及方方面面，比如少数民族的人员有特殊补助，少数民族孩子考试有加分，少数民族可以生二胎等。

现场的人逐渐被我的谈话吸引，并不时微笑点头。我知道火候到了，便将话题转移到西藏问题上。作为一个少数民族人员，我的的确确看到了祖国大家庭对于西藏的关怀。西藏在没有解放前一直是农奴制，奴隶完全没有人权，奴隶主甚至会把奴隶的头骨当作瓦片。旧西藏有三大领主，封建地方政府、贵族和寺院上层僧侣，他们仅占全西藏总人口的百分之五，却享有至高无上的特权，绝大多数人处在被奴役、被压迫的境地。中国政府解放西藏，事实上是把处于社会最底层的百分之九十五的农奴解放，使得他们获得基本人权。中国共产党对于西藏的民族政策一向宽松，甚至给予曾经的压迫者达赖很高的地位。达赖之所以四处流窜，不断游说，并不是为了西藏的自由，而是不满足自己至高无上的特权被剥夺。达赖是自私的，只想着自己的特权，却并没有考虑西藏人民的利益。

接着我谈起自己在西藏的亲身经历。我曾经跟随考察团进入西藏，映入眼帘的是崭新的村落，一个个很新很美的帐篷，黑色、黄色、红色层层叠叠，与西藏壮丽的自然风光交相辉映。而这些帐篷都是中央政府援建的，在中国称之为对口援建。按照中央政府的要求，中国的每个省市必须对西藏进行援助。除了物质支持外，每年内地都有数以万计的干部远赴西藏，给西藏人带来知识。他们和西藏人民一道，用自己的努力和汗水共同建设着这片神圣的土地。

西藏人如今生活无忧无虑，中国共产党的西藏政策是给西藏人民更好的、更舒适的生活环境，但并不去打扰他们的生活方式和生活模式。中国共产党的宗教政策也保证了西藏人民在精神层面的需求，西藏人民的幸福感比居住在内地城市的人更高。西藏现在所拥有的高质量的现代化生活，正是因为它有中国大陆这个雄厚的后盾。

我接着谈到西方人对西藏的看法。包括法国人在内的很多西方人对于西藏有误解，原因是绝大多数西方人没有去过西藏。我不止一次到过西藏，对西藏问题有发言权。每次我到西藏，我都能够感到西藏现在社会很和谐、居民生活很安定。西藏人有着虔诚的宗教信仰，这是他们精神生活的全部。对于藏民来说，信仰是他们最重要的人权，而不是西方人的所谓的自由平等。不管是四处叫嚣的印度政府，还是到处游说的达赖，他们满足的仅仅是私欲。这是我一个少数民族人亲眼所见，也是我一个少数民族人亲身所感。

我又谈到法国的少数民族问题。在我看来，法国民族政策存在的最大问题是对移民及其后裔的歧视。20世纪60年代的法国国家现代化建设浪潮中的移民计划使得法国成为种族和文化的聚集地，经过三代的融合，法国真正的少数民族问题是种族问题。对于西藏问题，法国人提及的西藏独立，实际上相当于让科西嘉独立，或者说是让巴黎北郊的“塞纳·圣丹尼”区独立，因为那里的居民结构中超过七成是来自北非和撒哈拉以南非洲地区的移民，但这明显不可能。中国政府不可能同意西藏独立，这就像美国政府不可能同意黑人继续当白人的奴隶一样，这是人民的福祉，是爱！

在座的法国人听完我的讲述后，纷纷鼓掌示好，同行的访问团成员也向我竖起大拇指。我心里却明白，自己讲的，不过是肺腑之言。这即使不能改变法国政府在西藏问题上的立场，但至少也让更多的法国人了解到了西藏问题的真相，减少了对中国政府的误解。

我是一个少数民族，我可以通过亲身实例去说服他们。采用艺术化的方法有别于政治家的口吻，这是艺术家在公共外交当中的独特手段。这次的公共外交不仅体现在会面时采用的交流方法，也体现在与科西嘉酋长会面这件事上。科西嘉是法国的少数民族，我们的公共外交要从底层做起。公共外交不要求产生多大的效果，如果能够得到科西嘉族的认可，那么中国的少数民族政策也会得到法国其余几个民族的支持。这跟我在匈牙利开展的京剧交流有异曲同工之妙。

西藏问题一直以来是西方抹黑中国的“经典”由头，面对这类敏感问题时，对话一定要讲究策略。要用事实说话，尤其是要注重对话目标的层次性：首先是要主动争取自己说话的机会，有机会陈述事实，其次是让别人相信自己所言属实，然后尝试让对方理解、认同，最后才是赢得对方好感，让对方喜欢自己，直至支持自己。

一个国家的国际形象，与媒体的报道息息相关，尤其是那些具有全球影响力的大型媒介集团。他们主导，甚至是垄断了国际新闻报道。西方媒体虽然声称秉承“客观、专业”的信条，但是在报道中国，尤其是西藏、人权等敏感问题时常常存在偏见，清华大学国际传播中心主任李希光称之为“妖魔化中国”，即西方媒体在报道中国时有失全面，存在偏见，在报道中国某些敏感事件时往往先入为主，歪曲甚至捏造事实来强化中国的负面形象。比如，一些西方媒体十分荒谬地将“7·5”事件的起因归咎于中国政府和军队，将政府维持社会秩序的正当行为描述成“镇压”，而对暴徒们残忍的屠杀行为却只字不提。美国有线电视新闻网CNN7在一篇题为《中国乌鲁木齐出现骚乱》的报道中，大量引用一个所谓匿名目击者和“世界维吾尔代表大会”发言人的话作为新闻源，肆意歪曲事实，颠倒黑白。我们了解情况，看罢大可以一笑了之，但不了解情况的外国人看到，恐怕忍不住要“义愤填膺”了。

中国的对外传播能力虽然大大提高，比如我们有中央电视台，有国际广播电台，有网络电视台。但不得不承认，西方大型媒体，仍然在国际传媒环境中掌握主动权，很多重要事件都是由美联、路透、纽约时报等西方媒体报道的。加之我们与西方受众天然的语言障碍、心理隔阂、政体差异等因素，西方受众更容易相信西方媒体的报道。

官方媒体难以与西方媒体抗衡，这就需要我们换个角度，积极发掘民间力量。我们应当时刻牢记自己是个中国人，对外表达不仅仅是政府的职责，更是每个公民应尽的义务。我们需要让世界了解一个真实的中国，而我们每个人都是这个“真实中国”的组成部分。我们不仅要在对外交往中时刻提醒自己是代表着中国的形象，注意自己的言行，更要利用用一切机会，向关心中国的西方人说明真相，澄清他们对中国的误解。

传播学先驱拉斯韦尔提出了传播学“5W”模型，即传播者—说什么讯息—通过什么媒介—对谁说—产生什么效果（Who，says What，in Which channel，to Whom，with What effect）。对于我们来说，每个人都是传播者，要自觉地传播事实信息，维护和改善国家形象。如果我们每个中国人都能有意识地去传播中国话语，去维护国家形象时，中国在国际上的话语权必然会大大提高。

向法国人说明西藏事件的真相，是我作为一个中国人不容推辞的义务。但我不仅仅是在呆板地讲述事实，我是有技巧地讲述，除了真实的故事，还要有朴实的语言、真挚的感情和精彩的叙述。我先从自身的故事开始，努力做到以小见大，以情动人，用我的真诚和善意去打动他们。其次，我在讲述时仅仅陈述事实，拒绝任何夸张，争取用最平实的语言和最真诚的感情去和他们交流。需要注意的是，我们要说明自己，但不能时时刻刻想着宣传，因为在西方人眼里，宣传（propaganda）是一个贬义词。我们要做的，仅仅是讲故事，他们自然会明白。但我们在讲述时，一定要注意拉近与对方的心理距离，要学会以他们的思维去讲故事。就如赵启正主任所说的“中国的故事，国际的叙述”。

有这样一个寓言：从前，谎言与真相一起相约下河洗澡，谎言先洗好了，穿走了真相的衣服，当真相起来的时候却不愿意穿走谎言的外衣，从此这个世界上有了穿着真相衣服的谎言和赤裸裸的真相。但问题在于，有很多时候，我们总是愿意相信穿着真相衣服的谎言而不愿意接受赤裸裸的真相。真相固然重要，但赤裸裸的真相却未必能为所有人接受，遑论唯一的真相之外还有形形色色的诱人谎言了。与人沟通，既要有诚意，又要有足够的智慧，做到“真诚为体，智慧为用”。就西藏事件来说，由于西方媒体“全方位”的报道，谎言已经被他们包装的比真相更像“真相”。所以很多时候我们需要对真相进行“包装”，找一个会讲故事的人，运用艺术的手法把真相传达出去。这样别人才有可能去听，才会爱听，才会相信。

在面对外来文化时，我们常常会说“以我为主，为我所用”，这种习惯性思维往往也会影响我们的对外传播。在对外传播时，我们却要改变观念，做到“受众本位”。所谓受众本位，即以传播对象为中心，考虑他们的需求、他们的信息接受习惯，寻求自我表达与受众需求的交集，寻求我们表达手段与他们接受习惯的契合点。受众本位，既是缓和文化差异冲突的手段，又是对他人、对他人文化和传统的尊重。

中国的官方对外传播长期以来存在一个问题：宣传味、说教味太重。我们说对外传播，信息的接受方必然是外国人，他们不但对中国知之甚少，还有可能因为西方媒体的长期片面报道而对中国存在先入为主的恶意。其次，我们还要考虑到他们在价值观念、宗教信仰、风俗习惯、思想意识等方面的特点。

随着互联网的发展，社交媒体迅速崛起，越来越多的信息通过facebook、twitter等渠道传播，这无形之中消解着我们主流媒体的对外传播努力，进一步强化了外宣工作面临的危机。

文化交流是一个互动的、双向的过程，我们在传播自己文化的同时，对方也在向我们传输他们的文化。种种的跨文化交流的努力，其目的在于达到一种“良性的互动”，即一种“双赢”的局面。“良性的互动”至少包括三个层面：（1）接受双方的交流意图；（2）了解双方想表达的意见；（3）接受彼此意见。可以说，跨文化的沟通是一个渐进的、由“形式”到“内容”的过程。交流之前，我们要充分考虑不同的世界观、不同的思维方式和价值取向可能给沟通带来的障碍，以对方感兴趣、易于接受的形式入首，循序渐进，传播我们的观念，表达我们的想法，并尝试让对方理解或接受。

这就要求我们在对外传播时要摆脱思维定式，尝试以新的方式，新的渠道来传播新的内容。首先，要采用软性话语策略，放弃“宣传味”，淡化“说教腔”，在报道上多点“人情味”，做到以情动人、以理服人；其次，由于中西方在政治体制、经济制度以及宗教信仰上的差别，政治、经济和宗教话题很难引起西方受众共鸣，这就要求我们在文化上多做文章，尤其是西方人感兴趣的中国传统文化；再次，除报纸、广播、电视等传统渠道外，我们还要积极开拓新的传播渠道，比如多样的文化交流活动以及互联网平台。举个例子来说，新浪微博上有一个

“美国驻华大使馆”的账号，该账号由美国使馆新闻文化处维护，主要目标是“促进关于美国文化、社会以及使馆项目的对话”。其微博的主要内容就是美国政治、经济、文化等方面的新闻，但表述方式特别生活化，让人读来倍感亲切。目前该账号拥有近 60 万粉丝，数量堪比一家大型报社，实际上运营成本远比报社低。这种低成本、高收益的传播手段，值得我们借鉴。

希腊的碎片经济

访问团行程其中一站是饱受债务危机折磨的希腊。在这里，我们遇到了比法国更为棘手的问题。

中国政府在希腊债务危机问题上态度一直非常积极，早在 2009 年初，中国政府就已开始增持希腊国债。由于各国习惯于从自身利益出发考虑问题，在解决希腊债务危机问题立场上，各国都有自己的算盘。美国由于尚未从次贷危机引发的经济衰退中恢复，加之打压欧元区的考虑，因此它并不支持它主导的世界银行和国际货币基金组织对西欧国家进行过多援助。欧盟内部的经济老大德国也由于国内的巨大反对声而搁置了对希腊的援手。这时候，中国作为外汇储备大国，成为希腊仅有的救命稻草。其实对于中国来说，增持一个恶评如潮的垃圾国债显然是不明智的。但作为一个负责任的大国，中国政府一向对他国危机感同身受，在需要出手援助时也绝不会犹豫。因此，温家宝总理访问希腊时就明确表示，中国将增持希腊国债。

2010年，我跟随高访团到达希腊，此时正是希腊债务危机自爆发以来最为严重的时期。外事代表团性质上半官半民，其言论一定程度上代表着中国政府的态度。为慎重起见，在与希腊国会要员见面之前，高访团内部预先进行了一次内部沟通，商讨应对策略。

当时一个核心问题就是中国作为希腊政府危机中唯一的救命稻草，双方在会谈时必然会提及中国购买希腊国债的问题。当时的中国政府实际上处在非常尴尬的境地，一方面明知道陷入破产的希腊根本无法按期偿还这笔债务，这时候购买国债就像拿中国人民的辛苦汗水去填无底洞，结果必然是石沉大海，因此于理来说，不买国债是明智之选；而另一方面，我们的总理已经答应希腊政府要增持希腊国债，而且希腊在利比亚撤侨问题上给中国提供了很大支持，于情来讲，希腊国债又是非买不可。问题的关键不是买或不买，而是如何等等再买。

对于马上要与希腊参众两院会面的高访团而言，核心的问题是如何应对希腊方面提出的国债购买要求，代表团在表态时一定要注意把握分寸，既要让希腊政府放心，又不能让他们过分贪心，还要考虑总理之前的允诺，如此苛刻的谈话尺度要求，可比大熊猫难对付得多。

晚上抵达希腊，一夜无眠。

辗转反侧之际，我反复考虑自己应该在会面中扮演什么角色。我是个艺术家，虽然可以在舞台上挥洒自如，现实之中却并不擅长“演戏”。我不断告诉自己，我不能像政治家一般言之无物，也不能像外交家般旁顾言他。如果有需要，那我一定要用自己擅长的方式来维护祖国的利益。想到这里，我便有了主心骨，知道到时自己该如何发挥了。

第二天一早，我便想到要去找人咨询一下，以期对中希关系和希腊债务危机有一个更为宏观准确的把握。于是我找到了智库。通过和智库工作人员细致深入的探讨，我对于希腊债务危机的情况有了一个大致的了解。我还多了一个心眼儿，顺带学了很多严厉的措辞以及用于驳斥对方的实例等，以备“不时之需”。

希腊是个高福利国家，福利高到领救济的人收入比工人还多。高福利的直接结果就是希腊人习惯于享受政府提供的福利待遇，而对牺牲个人利益帮助国家十分反感。我从智库那里听到了一个新词：“碎片经济”。如何理解碎片呢？高福利使得自私成为习惯，希腊的每个人都想着我不能吃亏，我的家庭也不能吃亏，最后吃亏的只能是国家。于是一人一口，就这样一片一片活生生将希腊国民经济撕碎，这正是希腊债务危机爆发的最直接原因。这个比喻形象而贴切，我决定就把“碎片”作为我演讲的关键词。

会见安排在希腊议会大厦。这是一栋黄色的四层建筑，比匈牙利国会大厦简陋得多。大家都知道这次会面的重要性，更明白即将面临的可能是前所未有的挑战。每个人心里都很紧张，一些人始终都紧绷着脸，有些人脸上流露出一丝颤意，更多的人则自始至终面无表情。

会面伊始按部就班，波澜不惊。先是外交家的时间，他们的表现各异，但所有人都只是在反复诉说着一件事，每个希腊人用不同的方式表达着同样的诉求，而坐在对面的中国人则用同样的表情说着不。希腊人一直在劝说中方购买他们的国债，中方只能以外交辞令应付：中国一定考虑购买希腊国债，但是具体数额要回国汇报。两边都在进行着自己最擅长的运动——打太极。这无疑是场干瘪的会谈，大家都在诉说自己的问题，却没有人告诉他们解决问题的方法。

这时候，我觉得我该发言了。

我首先进行自我介绍，我说我是个艺术家，我将毕生精力都奉献给了我热爱的京剧事业。如果大家要想听京剧或者想了解京剧历史的话，我可以跟大家分享一下。话语一出，就像暴风雨前闷热中吹来的一阵凉风，将积压的沉闷与压抑一扫而光，在座的每个人都仿佛刚从睡梦中惊醒一般，逐渐从那些华而无实的外交辞令中走了出来。

我接着说："希腊有着数千年的辉煌灿烂的文明，也是戏剧艺术的发源地。而中国跟你们一样，也是历史最悠久、戏剧形式出现最早的国家之一。我们两个国家历史历程相似，文化也有共同点——给全世界的文明带来重要的启迪。古希腊遗址有一个特点，凡是有议会的地方，就有剧场。他们不仅可以在剧场欣赏戏剧，还可以在剧院旁的议会抒发自己的政治意愿，我为灿烂的悠久的希腊文明感到骄傲，同时也为我们中华五千年文明自豪。骄傲与自豪之余，我还想跟你们分享一点我的想法，或许你们不太爱听，但是在我看来这是每个人都需要知晓的常识，那就是古希腊戏剧曾是世界三大戏曲形式之一，但现在已经消失了。中国戏曲历史虽然没有你们的戏剧长，于一千多年前产生，但它一直不断成长繁荣，长盛不衰。今天的京剧不仅活着，更被我们视为国粹。”说到这里，现场响起了热烈的掌声。我谈的都是文化，而且其中渗透着对于希腊文明和希腊人民的赞叹，希腊人很愿意听这些话。

看到现场观众的积极反应，我索性连说带唱讲了起来。我说：“我也关心着欧洲经济状况，刚才大家谈论的希腊经济危机，我非常同情。因为希腊的经济危机不光是希腊一国的事情，它更牵涉到欧洲几个重要银行的兴衰，甚至可能成为摧毁世界经济的第一张骨牌。但是，在谈经济危机之前，我要给大家讲一个故事：中国建国60周年的时候，我们创作了一首歌，歌名叫做《国家》。我现在把歌词跟大家念念，家是最小的国，国是最大的家，没有家哪有国，没有国哪有家。我们中国还有句俗话，叫做‘国家兴亡，匹夫有责’。也就是说，当国家遇到困难时，每个老百姓都要贡献出自己的力量。”

紧接着，我又讲了汶川地震后我亲身经历的一件事情，地震发生后，我就第一时间赶到汶川参与抗震救灾。没有人命令我这么做，我完全是出于自愿。作为艺术工作者，我的主要任务是为震区人民提供心理抚慰，安慰灾民受伤的心灵。在做好本职工作之余，我又冲到了抗震救灾的第一线，协助救灾人员分发抗震物资、搬运遇难者遗体、进行遗体招领，并且深入参与了汶川中学事故原因的调查工作。同时，作为一个艺术家，我带头组织慈善晚会，组织演员义演，为抗震救灾募集善款。我还认领了在地震中失去父母的孤儿，并把她接到北京居住。说完这些，我热泪盈眶，在座的人也无不为之动容。

我又说，我之所以做这些，就是出于作为中国人的爱国情结。在中国人思想里，我们把国和家放在一起，没有人可以将两者拆散。国和家的关系就像嘴唇和牙齿，唇齿相依，缺一不可，没有国，就没有家，国家和谐安宁，才有个人的幸福生活。希腊目前存在的一个严重的问题：过高的公务员工资和社会福利。

中国不仅公务员工资和社会福利远远低于希腊，在国家面临危机时更能人人出手，甚至宁可为国家利益放弃个人全部。希腊人在国家出现危机的时候，每人都试图去捞一把，在国家最困难的时候还在要求福利。不工作的人都有着那么高的福利，这是不正常的状态。在希腊人看来，每天工作 3 个小时，每周工作 3 天是就是高强度劳动。每个人都想索取，这么一群人向国家伸手，对国家是多大的负担？希腊最繁华的商业街——马拉斯利街的商店逢周一、周三、周六15点之前也必须关门，周日则全天歇业，这样的经营模式如何能创造更多的财富？政府虽然可以通过发行国债募集资金。但通过国债获得的资金并不是没有成本，国债是要用希腊未来的国民收入作为抵押的。国家向欧盟要钱，向欧元区的经济大国要钱，但是愿意付出的国家越来越少。长此以往，希腊将走向何方，每个人都看得清楚，等到所有国家不愿再出手相救时，希腊国家就会破产。希腊人民应该自己伸出自己的双手，要自救，而不是他救。希腊人民也应该管住自己的双手，要自己创造财富，而不能靠举债度日。

最后，我以一首《国家》结束了我的演讲。

这就是公共外交的应用，通过艺术家的身份将要表达的事情变换形式，用讲故事的方式叙述出来。第一，我是把两种形式和两种人的不同价值观进行对比，用生动的例子告诉他们自救远胜他救的道理，自己创造的东西要远比外来援助坚实得多。这就是艺术的手法。如果是政治家说出同样的话，则很容易引起对方的反感。第二，我从一个普通人的亲身经历出发，以汶川地震时我的切身体会来表现中国人民的爱国情怀，证明“国家兴亡，匹夫有责”，说明一个国家只有人民都爱国才能国泰民安。

我想告诉他们，希腊是举世闻名的古国，是世界的骄傲，决不能因为个人主义而消失，因为没有希腊文明的世界不完整。他们只有自强不息才能使希腊这个国家长治久安。

在我讲完这一切的时候，掌声雷动。不管以后他们的想法会有什么样的变化，但至少那一刻他们接受了我的观点。他们每个人都跑过来跟我合影，我一点都没有谦虚，坦然接受着他们的热情，因为我知道这是因为我说服了他们，他们接受了我的意见。

孙子兵法有云："攻心为上，攻城为下。"无论是文化交流，还是广义的公共外交，其实质都是"攻心"。

在与外国人交流时，我们要努力"贴近"对方，即运用各种手段，拉近与对方的心理距离。贴近是接近的前提，设身处地为他人着想，拉近双方感情，才有可能说服对方。

在这方面，全国政协外事委员会主任赵启正是不折不扣的"大家"。2001 年 9 月，赵主任出席柏林亚太周开幕式，发表了题为《架起增进理解和沟通的桥梁》的演讲。当时距 911 恐怖袭击不足一周，西方人，特别是美国人，正沉浸在恐怖袭击带来的沉重悲痛中。赵启正主任在演讲开篇就提到了 911 袭击事件，强调"我和美国人民、德国人民具有同样的心情"。他特别提到了上海的金茂大厦，该大厦与遭袭的纽约世贸中心一样高，两座建筑在设计、建筑和管理上有众多相似之处，他感叹"如今她（指上海金茂大厦）失去了一个好伙伴"。这不仅仅是表达对世贸大厦遭袭的惋惜之情，还在两国之间找到了共同点，拉近了双方的距离，更采用拟人化的手法，使得原本了无生气的两座大楼霎时间成了"好伙伴"。这种讲故事似的表达方式无疑很容易引起西方人的兴趣，使他们对演讲人，对中国产生好感。

2003年，伦敦商学院教授厄利（Early）和新加坡南洋理工大学教授洪洵（Ang）在他们合作的专著中提出了“文化智商”（CQ）的概念。研究者把“文化智商”定义为“一个人有效适应（新的）文化情境的能力”，或者“一个人在文化多样性的情境中有效地行事的能力”。不论是文化交流，还是其他形式的公共外交，我们都要去到不同的国家，面对不同的文化情境，我们要有足够“文化智商”，才能做到如鱼得水，游刃有余。而要提高“文化智商”，不仅需要我们去学习相关领域的理论（比如外交学、传播学），还需要我们积极投身公共外交实践，在交往和交流中提高自己的CQ。

美 国 篇

京剧在美国的“交响之旅”

我的美国之行始于1998年，当时我在欧洲取得了一系列成功，正当我在欧洲扎稳脚跟之际，一纸调令让我离开了居住9年的匈牙利，奔赴北美大陆。1998年，我拜会时任驻美大使的李肇星，共同谈讨文化交流的问题，涉及很多公共外交的话题。当时李肇星大使就推荐我去美国进行同样的尝试。所以，同年我在李肇星大使和文化部的建议下来到了美国，开启了新的文化交流之旅。

其实，早在1996年我回国时，李大使也回国，他就跟我讲过这件事情。1997年又跟我提出到美国交流，1998年继续提，说得我自己都觉得我好像是应该去美国做点儿事情了，但是做什么那时却还没想好。不过通过在欧洲这几年交流经历，我也理清了一个思路：我在匈牙利乃至整个欧洲实现了京剧表演艺术形式与西方戏剧的延伸、合作和交融。京剧讲究“唱念做打”，“念”、“做”、“打”都被我成功地融入了西方戏剧中。但是“唱”，我还没有尝试过，这是我的一个遗憾，我也一直想弥补。

当时我就想，美国音乐文化最主流的是什么？当然是交响乐。其次便是音乐剧，但是《猫》、《西区的故事》这些我都在匈牙利导演过了，音乐剧的方方面面我也已非常了解，再到那里去做音乐剧，就觉得好像不是最新鲜的东西了。欧洲动作戏剧的尝试仅仅是将京剧当中的动作介绍了出去，而外国人对京剧的韵律不了解一直是我耿耿于怀的事情，这也是我要在美国实现的梦想。这不是我的美国梦，这是在美国的京剧梦，而我可以借此机会去实现这个京剧梦。

所以我还是想把重点放在京剧的“唱”与西方艺术的融合上。这样，我的一个圆满的京剧梦，一个全方位的梦就实现了。

当时我跟李大使商量，我告诉他，我想先去考察几个乐团，然后再说我去美国的事儿。李大使觉得很好，我就去了美国。

我先考察了费城交响乐团、纽约爱乐乐团、华盛顿国家交响乐团。考察之后我发现，华盛顿国家交响乐团表现出很高的积极性，因为他们曾经演奏过中国名曲《黄河》，对中国的音乐很有感情，这样我就先跟他们谈了合作，谈得非常好，这使得我下了决心去美国。我先一个人去尝试，叶老师留在匈牙利，因为匈牙利的事情不能中断。

就这样，1999 年我就带着叶菲一起去了美国。那次跟华盛顿国家交响乐团合作，效果非常好。这样我就有底气去啃费城交响乐团这块硬骨头。费城交响乐团是美国最著名的交响乐团，但它同时也是个保守的老牌乐团，最顽固，最难啃。他们保守到每天演出内容都不曾换过，甚至每次演出，从第一个曲子到第十个曲子顺序都不能改变，我想只要有华盛顿国家交响乐团演出成功的例子，我就好做他们的工作。我给他们讲了很多很有意思的音乐上的故事，还有京剧演唱时紧拉慢唱、有规律的自由节奏等音乐上的一些差异性。比如说，《智取威虎山》这部戏，匪帮头子座山雕经常祸害百姓，常猎户为了躲避土匪，带着女儿常宝逃到了深山，常宝女扮男装，装成哑巴，不在人前讲话。后来杨子荣到深山侦查，访问到了常猎户家。常宝闻知杨子荣是中国人民解放军，进山剿匪，为民除害，她怀着深仇大恨，控诉了座山雕的滔天罪行。这个时候常宝有一段儿唱："八年前风雪夜大祸从天降，座山雕杀我祖母掳走我爹娘……"开唱之前有一个前奏"答滴答楞格儿里格噔噔噔滴答滴答滴噔——八年前"，这个"八"字要缓一下才出来，为什么呢？因为她是个哑巴，她几年没说话了，乍一在生人面前说话，这是很为难的。但西洋音乐都是一板一眼的，节奏到那儿就必须要开唱了，而我们京剧里面不是这样，"噔噔噔滴答滴答滴噔"，你觉得应该唱了，我不唱，我稍微等一下再唱"八年前"，你会感觉特别适合表现那个人物那个时候的感情。这个在京剧里允许，而在西洋的五线谱里是绝对不允许的。因为交响乐里每个小节都是按照规定好的节奏来的。乐团的指挥很严谨，也很保守，不太容易说服。最后，音乐的魅力，东西方音乐的差异吸引了他，老先生同意实践“交响乐京剧”。

在此之前我还跟美国著名的常春藤大学——宾夕法尼亚大学的交响乐团合作。他们都是高材生，水平甚至比费城交响乐团还高，乐团的毕业生都是费城交响乐团迫切想要招揽的人才。宾大以拥有和产生美国最优秀的作曲家而闻名于世。在上个世纪 70 年代，宾大作曲系在美国国家研究会的评比中排名第一。宾夕法尼亚大学交响乐团比费城交响乐团拥有更长的历史，这支乐团成立于 1878 年，拥有一百多位演奏者。演奏者们文化背景各异，有美国本土的学生，也有来自其他国家的留学生，包括本科生、研究生以及教职员和社区工作者。乐团的指挥是著名指挥家理查德·艾弗白斯博士，他和这支常青藤乐团一起合作推出了多场备受欢迎的音乐会，并且由于他本人在音乐界的地位比较高，而乐团又身处费城，宾州大学交响乐团得以与许多国际顶尖级的乐团和机构保持职业联系和合作关系，特别是费城交响乐团，他们的一些成员经常定期为其排演进行指导。这一切使宾大交响乐团逐渐成为宾大的骄傲和荣誉。

通常戏剧表演如果在欧洲获过奖，在美国就比较容易获得认可。在欧洲，我们的“动作戏剧”方兴未艾，自然也引起了美国方面的关注，1999 年美国数所院校邀请我赴美讲学。刚开始的时候，美国人看不懂我的曲谱，他们觉得京剧曲谱和唱法都是错的，因为京剧讲究的是“有规律的自由节奏”，与西方音乐讲究的“一板一眼”有很大不同。我最初的努力就是让他们首先对京剧有一个基本的认识。

在欧洲的时候，音乐方面的尝试我也进行过多次，但仅限于在戏剧音乐当中，或是在一些歌的曲调上加入一点京剧元素，并没有完整的作品，这多少有些遗憾。1999 年，我正式调到了美国。虽然舍不得欧洲，舍不得我开垦出来的一片良田，但是只有在陌生的地方才能打破旧的思维模式，才能有突破性的创新。而在美国重新开始，我得以有机会尝试京剧音乐上的文化交流的可能。

于是，我在美国进行的第一个尝试就是用交响乐演奏京剧，而这整整花去了我一年的时间思索和调研。

中国文化的发展历来具有兼容并蓄、吐纳扬弃的魄力与胸怀。在戏曲界，东西方音乐文化的撞击从建国初期便开始了。这种撞击、交流非常全面和深入，而且得失也最为显著。这自然与当时一大批接受了严格、系统的西方专业音乐理论、技术训练的作曲家、演奏家加盟戏曲队伍、参与京剧音乐改革有关，特别是在建国以来西方音乐文化积极或消极影响中国音乐专业建设、发展这样的宏观背景之下。普遍接受十二平均律。大量音乐作品在曲式、和声与器乐上不同程度借鉴西方音乐技法，即使是民族器乐中也形成了高、中、低音结合方为完满音色的概念，崇尚遵谱表演的观念。因此，大批专业音乐工作者参与交响乐京剧创作，绝不仅仅表现为一批具有较高知识水准与文化修养的知识分子对戏曲的投入，更在于他们带来了新的观念、技术、趣味及其价值标准，在戏曲领域，展开了一次全面深刻的东西方音乐文化的撞击与融合。这无疑对交响乐京剧音乐的成就产生了重要的影响。那就是：它是发生在戏曲音乐运动内部，而不是外加的；它是主动选择，而不是被动接受的。它是传统戏曲音乐文化与西方音乐文化的一次有意识的积极融合。20世纪初中西音乐文化的第一次大撞击，便决定了“用西方18—19世纪古典主义和浪漫主义时期的音乐理论与作曲技法同中国传统音乐相结合创作中国现代专业音乐发展的基本思路”，并曾取得了中国专业音乐发展的重大成就。“当把西方多声思维、功能和声体系同中国传统音乐这个与西方专业音乐存在着巨大差异的音乐体系相结合时，就必然在音律、调式、旋律走向和听觉习性等方面产生深刻的矛盾。”这里最为突出的，实际上便是单声与多声思维的关系。在东西方音乐文化的撞击中，这二者既构成难以驾驭、调解的冲突，但也恰是诱人的、相互借鉴和学习的对象。无疑，在艺术观念上，多声思维技巧无例外地自然被当作交响乐京剧创作中努力借鉴和吸收的对象，并渗透到旋律写作及其乐队编配等诸多方面。

在东西方音乐文化的撞击中，遇到的另一个几乎同单声思维关系同样重要的问题，便是戏曲音乐的共性和个性问题。

京剧与交响乐相结合是个非常大胆的想法。难处有两个，首先是京剧的乐谱是无法用五线谱来表现的。刚开始的时候，美国人看不懂我的曲谱。他们说我唱的和曲谱都是错的。因为京剧讲究的是“有规律的自由节奏”，演员可以拉长了再回来。而交响乐对于乐谱的要求十分严格，讲究“一板一眼”。另一个难题在于，美国人对于交响乐的自尊心和骄傲。交响乐就是交响乐，不容改变，甚至是演奏曲目的顺序都是经久不变。为了说服费城交响乐团的老指挥，我可以说煞费苦心。给他寄京剧光碟，表演给他看，用艺术的魅力来“诱惑”他：“您这样的年纪，难道不想做一把新的尝试吗？”可能因为艺术是相通的吧，我最终说动了指挥，开始了这种前所未有的尝试。在与交响乐团的交流中，为了让他们更好地理解京剧艺术，我给他们讲解书法、国画，让他们理解中国艺术中“写意”的概念。在与此同时，谱子的修改工作也在同步的进行中。如何用和弦的方式表现京剧中的调，这就需要多方的密切合作。

进行交响乐京剧乐谱的创作，关键在旋律写作上。从最突出的方面来看，还在于引入了与和声功能法则紧密相关的主题发展方法，以及丰富的转调技巧。中国民族音乐的旋律发展方法很多，如变奏、对答、反复、分裂、引伸、承递、垛句、拆头等。而戏曲音乐则以变奏法为主，并把这种手法用作曲式结构和旋律变化发展最重要的原则，同时也积累丰富的形式和技巧。比如有通过旋律繁衍、力度、速度、表演技巧变化处理的润饰变奏；也有添眼加花、减字抽眼的板式变奏；还有利用紧慢转调（器乐中有“借字”）以及演奏中利用不同调高或不同定弦来求得小同调性色彩的调性变奏；甚至还有比较自由的结构变动如局部扩缩、变位、衍展以及添加新材料的衍生变奏等。

在继承和发扬传统戏曲音乐变奏手法及其结构功能的基础上，积极引入西方旋律运动的主题发展方法，为交响乐京剧音乐创作带来了新的活力，而最能集中体现这种方法使用的，便是对特性音调的贯穿发展。它使得唱腔音乐清新灵动，人物形象鲜明统一，作品个性也分外突出和强化。转调技术作为构成音乐色彩对比、推动旋律发展、曲式变化的有效手段之一，在交响乐京剧音乐中得到了积极的引进，从而在很大程度上使作品面貌多姿多彩、焕然一新。本来，传统京剧音乐中也有着自己调式、调性对比的手法。它们主要集中在不同声腔之间（如【西皮】、【二黄】、【高拨子】等），以及同种声腔的正、反调之间（如【西皮】与【反西皮】、【二黄】与【反二黄】）的色彩对比上。但总体说，这种转调技术在传统京剧中的使用频率并不很高，手法也相对较少。而且，由于这些不同声腔及其正、反调在曲调构成上已经具有相当稳固的形态特征，就此而言，便使得它们的转换在很大程度上也具有了那种多少还是属于不同曲调对比、组接的意味。推及整个民族音乐转调方法，也还是更多表现为同宫系统的调式交替，或异宫系统的上、下五度转调，故而不仅远关系转调很少，而且更与和弦转调技术无涉。因此，西方音乐转调技术的引入，无异于在京剧音乐表现方法上打开了一扇新的窗户。

2000年秋，我同费城宾夕法尼亚大学交响乐团商定，排练交响乐伴奏京剧清唱，作为探索东西方两大艺术融合的开端。他们也是抱着学习的态度来尝试交响乐与京剧艺术的结合的。我们都觉得交响乐与京剧结合而发展出一种新的艺术形式是完全可能的，国际上对东西方艺术的结合抱有很大期望。实际上不仅京剧这门古老的艺术需要创新，西方的交响乐也需要创新才能继续吸引听众。不过，我要进行这种尝试的最终目的是使西方观众对京剧产生更浓厚的兴趣，让博大精深的京剧真正成为一门国际性的艺术。虽然宾夕法尼亚大学交响乐团的演奏水平很高，但是当时有一个难题，就是没有鼓、没有京胡、没有京剧的乐队伴奏，对西方人而言，京剧、月琴、三弦，他们接触太少了，根本不熟悉，纯粹用西方交响乐伴奏京剧，已经给他们出了一道难题。

那么，我是借几个华人用民族乐器来伴奏，还是纯粹在交响乐里面找一种乐器来代替京胡的位置，最后我决定采用后者。我想在西方主流音乐里寻找跟我契合的地方，我要京剧，但一件中国民族乐器都不要。所以，没有别的办法，只能不断地听、试验。所有的音乐我都听，所有的乐器我都听，最后我终于找到了，就是欧巴。欧巴表现高音的效果可以与传统京剧中的京胡媲美。我的助理王迪吹的就是欧巴，我就利用他的吹奏努力练习，我唱什么他就吹什么，吹得完全是主旋律。这样就把传统和现代京剧都做了一个诠释。

众所周知，中国京剧现代戏中已经采用了交响乐的伴奏形式，但完全使用西方乐器来为京剧伴奏，特别是用一支纯粹的外国交响乐团为京剧伴奏，则是前所未有的。从某种意义上说，宾大交响乐团成了“第一个吃螃蟹的”交响乐团。我先找到了中国的音乐家进行合作，将京剧的谱改成五线谱，然后再去找美国的音乐家进行修改，经过反复的修改磨合，最后找到一个公认合理的谱子，这才交给费城交响乐团排练。

排练的过程并不轻松，因为京剧演员每次演唱时对唱腔的处理都有一定的自由度，这对严谨的交响乐来说是一种挑战。有时乐团指挥只能放弃完全照谱而视我的现场表演为准，这在以指挥为绝对权威的交响乐团中几乎是不可能的。

经过三个多月的磨合，我们终于把这场演出呈现在了观众面前。2001 年 3 月，在费城宾夕法尼亚大学，在即将访问中国的宾大交响乐团汇报演出中，我以交响乐伴奏京剧清唱了《红灯记》中的《都有一颗红亮的心》和《打不尽豺狼决不下战场》，《杜鹃山》中的《家在安源》和《乱云飞》选段，几曲唱罢，满堂掌声。整场演出中没有一件中国乐器的伴奏，乐团以钢琴、小提琴和欧巴代替了京胡奏响主旋律。这样的演出，不同于传统京剧和现代样板戏，乐队全部由西洋乐器组成，甚至还用钢琴对传统京剧唱段进行伴奏，京剧这种最东方的戏剧形式与交响乐这种最西方的音乐形式实现了完美结合，我叫它

“交响京剧”。

终场时，尽管我和乐手们一再谢幕，上千名观众还是不停地鼓掌，不让我们退场，掌声时快、时慢，不停地变换节奏，我和乐队共谢了7次幕，最后我无计可施，只得站在台上看着观众鼓掌。

我心里明白，观众的掌声就是在为演出打分。演出征服了观众，轰动了美国。我知道这个尝试成功了。这一次演唱会，宾夕法尼亚大学交响乐团作为名校交响乐团中的翘楚，与中国京剧合作碰撞出动人的火花，点燃了不少美国年轻音乐人对于中国京剧的激情。

这样，我们成功地把交响乐式的京剧展现在观众面前，在当地掀起了一股不小的中国京剧风，我才算在费城圆了自己音乐试验的梦。哥伦比亚公司为我们的演出录制了实况录像带，当时我穿的演出服非常华丽，又极具东方美。演出的相关准备工作做得很细致，演出前对剧目、角色和文化知识的讲解，演出后的互动都帮助外国观众了解了京剧和中国文化，拉近了不同文化之间的距离，收效甚好。

演出的时候，先把我介绍上来，我上台之后，先介绍什么是京剧，接着唱上一两段，再下台。再上台的时候我跟观众细讲什么叫“站如松，坐如钟，行如风”，我把每个简单的道理都告诉他们，比如眼神儿，什么叫“看高”，什么叫“看远”，什么叫“看低”，等等。在进行这种讲解的时候，我发现观众听得很认真，剧场静得连掉根针都听得见。演出的字幕是英文，我们唱的是中文，观众手里面还有说明书。我们做得是很全面的了，故事情节都给他们介绍清楚了，有样板戏，也有传统京剧，当然里面有新编交响乐的旋律。每一个环节结束后，观众鼓掌也都是非常热烈，发自内心的鼓掌，这都是发自内心的折服。

在华盛顿的一场交响京剧个人演唱会，老布什发来了贺卡，而且我很高兴的是克林顿夫妇还有小布什夫妇也来了，两党的党魁坐在我们大使的两边。演出让观众非常感动，也让我感动。我印象当中有一次演出完了之后，杨洁篪大使上台跟我握手的时候，那种感觉不是众星捧月的享受，不是掌声和鲜花的簇拥，而是感觉到美国人在台下用心倾听，用情鼓掌，是中国人用艺术征服美国人之后的那种自豪。

演出之后举办了大型酒会，很多政要在酒会上和演员交流，我真的感觉到中国艺术征服了美国人。美国人很有创造力，也很傲慢，觉得自己是世界警察，是法官，甚至是上帝的使者，在替上帝完成使命，所以征服他们很不容易。他们能为我喝彩，很不容易，没有深厚的艺术底蕴和功底做支撑，尤其是在著名的林肯艺术中心进行演出，是很少人能得到这种荣誉的。我觉得掌声也好，或者是认可也好，不单纯是我个人的一种艺术上的成功，站在背后支撑我的是京剧艺术，是我们的传统文化给我的养分。当时一方面是为中国京剧骄傲，更深深地觉得中国艺术是伟大的，值得骄傲的，从心底里觉得很痛快。美国的历史很短，他们虽有音乐剧，但我们的东西比他们的音乐剧丰富多了，这种感觉已经深入我的灵魂。

我们还排演了交响京剧《白蛇传》，因为没有什么演员，而这出戏也没有太多角色，我就把交响乐团搁在台上了，让他作为演出的一个部分，同时就让他们融入我们，我们也融入他们了。舞台一边是表演区，一边是乐队，他们也是表演的一部分。得到了很好的展示，他们也开心，就有了表演的积极性。

我们的演员很少，“水漫金山寺”的场景，其实就只有青蛇、白蛇两个人在前面有一点儿武打的技巧，后面的背景完全是动漫视频。我们也只是演示一段儿，灯一灭我们就撤了，灯光完全就给了交响乐团，他们在那里演奏，然后天幕上播放多媒体视频的东西，那种尝试，那种创作，也很有意思。交响乐是西方的艺术，我们的合作实际也是我们的文化和他们的文化的一种交融，然后再配上立体的视频、音响，就是三维戏剧了。

演出结束后我很感动，我觉得艺术真的是可以跨越国界跨越文化的，艺术家之间的交流可以找出不同国家之间的共通之处，创造出一种让大家都耳目一新、都能接受、都受感染的艺术形式。西方观众的热情让我颇有感触，京剧是我们最好的东西，他们是不易学到的，更是最吸引他们的，我们不可以丢掉我们的本。而且，这么多年的经验，使我已经能让西洋的交响乐团来完全伴奏我的京剧唱腔，并且乐团使用的都是完完全全的西洋乐器。这是一件值得庆祝的事情。这样一场酣畅淋漓的成功以后，美国的主流社会和主流文化都接受了我的交响乐京剧。而当他们都接受这个事情时，说明京剧可以作为公共外交的手段了。

美国白宫的“胶水惊魂”

除了京剧与交响乐的合作，我在美国做得最多的工作是向其主流社会讲解京剧艺术。我曾经在白宫为参众两院的议员讲课，不仅给议员们讲解京剧，而且还为他们表演，让他们深切地感受到京剧的美。我竭尽全力帮助他们缩小与中国京剧乃至中国文化的距离。授课前一天，我做了充分的准备，并把相关的剧照贴在墙上。叶菲当时十二三岁，她也帮忙，大使馆的人都干瞪眼不知道照片该往哪儿贴，叶菲把顺序都排好了，像个小大人儿一样指挥他们张贴。巨大的剧照贴了一墙，我的服装她也用衣服架子撑好了，又把视频伴奏音乐伴奏一一对好。对于一个孩子而言，把这些都做好真得的不容易。我们准备了一晚上，第二天给议员们讲解京剧，一边讲解一边表演。我讲解完一小节就去化妆，化完妆就去演一个节目，演完了之后接着讲，讲完再换妆，就这样马不停蹄、循环往复，恨不能有分身之术。

李肇星大使在旁边看着都心疼：“我怎么帮你？”

与宾夕法尼亚交响乐团合作的交响京剧演唱会

与宾夕法尼亚交响乐团合作的交响京剧演唱会

与宾夕法尼亚大学音乐系教授杰瑞斯、宾大交响乐团指挥里卡多和中国驻美大使李肇星及夫人秦小梅

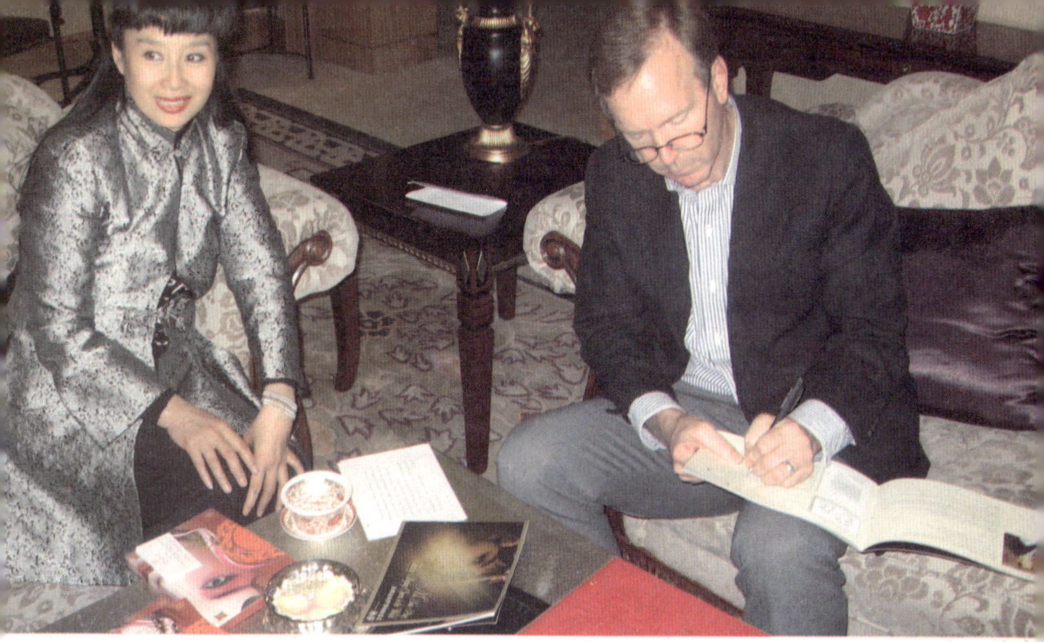

尼尔·布什在父亲给孙萍的祝语旁边题词

乔治·沃克·布什和尼尔·布什的题词

以及基辛格博士的贺信

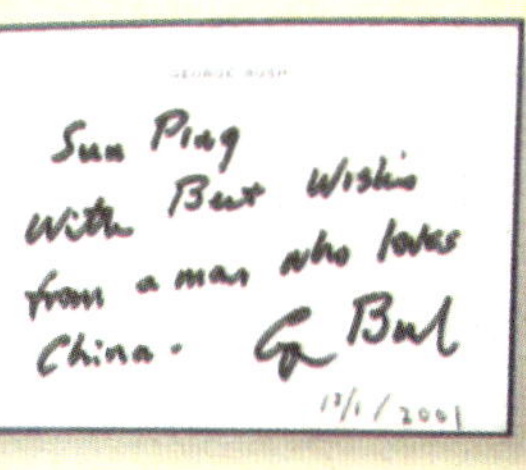

GEORGE BUSH
Sun Ping
With Best Wishes
from a man who loves
China. G Bush
12/1/2001

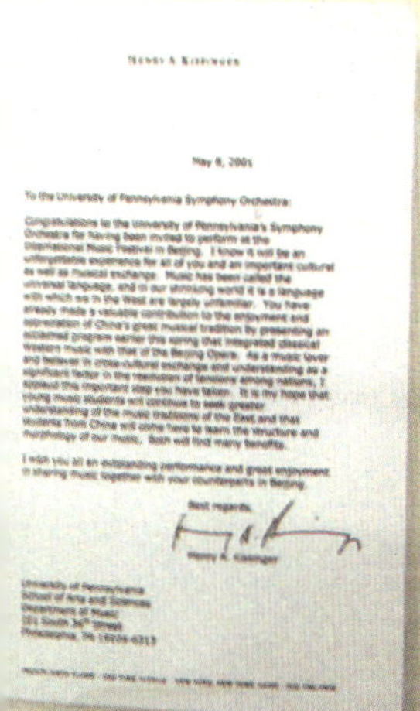

Sun Ping, It is a great honor to meet you personally. You and the Jingju center hold a special place in my father's heart. China's rich culture is highlighted by your work and by traditional Beijing Opera. Best wishes, always from the Bush family.

Neil Bush

P.S. The book Peking Opera from China will find a very good home in my father's library.

孙萍：

谨致最良好的祝愿。

一个热爱中国的人：

乔治·布什（签名）

2001年1月12日

Henry A. Kissinger

May 8, 2001

To the University of Pennsylvania Symphony Orchestra:

Congratulations to the University of Pennsylvania's Symphony Orchestra for having been invited to perform at the International Music Festival in Beijing. I know it will be an unforgettable experience for all of you and an important cultural as well as musical exchange. Music has been called the universal language, and in our shrinking world it is a language with which we in the West are largely unfamiliar. You have already made a valuable contribution to the enjoyment and appreciation of China's great musical tradition by presenting an acclaimed program earlier this spring that integrated classical Western music with that of the Beijing Opera. As a music lover and believer in cross-cultural exchange and understanding as a significant factor in the resolution of tensions among nations, I applaud this important step you have taken. It is my hope that young music students will continue to seek greater understanding of the music traditions of the East and that students from China will come here to learn the structure and morphology of our music. Both will find many benefits.

I wish you all an outstanding performance and great enjoyment in sharing music together with your counterparts in Beijing.

Best regards,

Henry A. Kissinger

University of Pennsylvania
School of Arts and Sciences
Department of Music
201 South 34th Street
Philadelphia, PA 19104-6313

美国前国务卿亨利·基辛格博士致宾西法尼亚大学交响乐团的贺信（译文）

费城

宾夕法尼亚大学文理学院音乐系

宾夕法尼亚大学交响乐团：

祝贺宾夕法尼亚大学交响乐团应邀参加北京国际音乐节的演出。
我知道这对你们来说将不仅是一次难忘的经历，也是一次重要的音乐和文化交流。
音乐被称作共同语言。而在我们这个逐渐变小的世界上，中国京剧却是西方国家不太熟悉的一种语言。
今年早春，你们把西方古典音乐与中国京剧相结合，献上了一场精彩的演出，为人们欣赏中国伟大传统音乐作出了宝贵的贡献。作为一名音乐爱好者，我坚信不同文化间的交流和理解对解决国家间紧张关系具有重大意义，我对你们为此迈出的重要一步表示赞赏。
我希望音乐系的年轻学生们能继续对东方传统音乐进行更深入的了解，
而中国的学生也能来美国学习音乐，
这对双方都很有好处。
我预祝你们演出圆满成功，希望你们和北京同行们在音乐中共渡美好时光。
顺致良好祝愿。

亨利·基辛格（签名）

2001年5月8日

2000年在美期间，给美国政要做京剧讲座之后的聚会

与中国驻美大使李肇星及夫人和美国议员夫人合影

在纽约总领事馆携女儿叶菲与美国前国务卿基辛格博士合影

向基辛格博士赠送剧照

与美国前国务卿黑格合影

拜会陈香梅女士

“你给我勒头，使劲儿勒！”

大使照做：“成了。”

“不行！”

“再勒就勒死了！”

“使劲儿勒，往死里勒！”

就这样一次一次地讲解、换妆、表演，忙忙叨叨。在不停忙碌中差点出事。贴片子的榆树皮粘液用完了，没法儿贴了。这时，我想起来老艺人说过用鸡蛋清也可以贴，于是，我就请白宫厨房的厨师给我打两个鸡蛋，滤出蛋清，结果厨师特别实在，给我弄了一盆鸡蛋清。我就用它泡片子，片子软了，就能贴上了。可是鸡蛋清黏性差，等干了之后片子就会变形，应付一会儿还行，讲解那么长时间肯定会翘起来，那就太难看了。这个时候再用鸡蛋清贴也不管用，只会把油彩磨下来。我就赶紧找胶水，大家也都帮忙找胶水。胶水还真有，我以为给我找的是粘纸的胶水呢，结果那个美国的工作人员也大意了，“唰”递给我一瓶胶水，我拿起来就要往脸上贴，这时候大使秘书一把就把胶水给抢过去了，亏得他手快抢过去了。我一看，是工业胶水，如果真贴在脸上，脸皮就没了，就变成了大疤瘌脸了。我惊出了一身冷汗，就那一瞬间，事故差点就会发生，但是我身上那股子作为艺术工作者的执著劲儿，使得我宁可死也得死在台上，现在就把片子给粘上，必须给观众展现最美的一面，为此不顾一切。这是传统文化赋予我的东西，是深入骨髓的，也是遇到问题时的第一反应。后来总算找来胶水、黑胶布等遮掩了过去。

换服装也是一个问题，京剧服装有的比较复杂，换妆和换服装都需要时间。我请当时的大使秘书，现任外交部礼宾司司长的张昆生先生到台上去拖延时间，因为我要换凤冠，扮“杨贵妃”，盔头、服装换起来都很麻烦。李肇星大使给我勒头，张昆生先生在人前“打太极”，为了那次演讲，中国大使馆的人悉数上场。我问大使有什么任务没有，他会心一笑，说“有”，然后指着一位老头儿说，那位是宾州的议员，并且是常青藤的老议员了，是顽固的反华议员。“今天你能让他‘闭闭嘴’，你就算胜利了。”

我上台以后，拿很多问题专门问他。讲到一个关键环节，我问他：“您觉得这样好不好？……您对那个问题觉得有什么疑问？”后来我讲到京剧舞台上怎样表演杀人，我问大家：“比如说让您去杀一个人，大家都设想一下，您会怎么杀？”大家的回答就来了，有君子式的决斗，有枪杀，有发射核弹的，答案五花八门。

我专门问宾州这位老议员：“您呢？”

他的回答：“暗杀。”

我转向大家：“你们知道中国京剧艺术式的杀人是怎么杀的吗？”

等大家摇头，我开始举例：“比如说我是一个英雄，我上台以后先表演一番，展现我的英雄气概；亮相完了，我开始跟敌人格斗，杀几个回合，拿刀比划；把敌人打败了，之后，我刀刃还得绕着他的脖子绕一圈儿；之后，还得再耍一刀，攮进去，攮进去后我还得搅一搅，我再踹他一脚，他骨碌碌地就滚下去了。因为他得给我腾地方，不能妨碍我下面的表演，他得艺术化地滚下去。这个时候我再抹去刀上的血，亮个相——我是英雄！我再拿刀耍一通，再亮个相——我是英雄！这个时候观众给我叫好了，我再下去。”

我一边示范一边讲，讲完之后，我问那个宾州的老议员："您什么感觉？"

他叹道："美！"

我当时就觉得我听错了，杀人还有美？说明我们的艺术彻底地征服了他。讲课之前我问："谁去过中国？"举手的人寥寥无几，讲解完之后我再问："谁想去中国？"举手的人就多了，我很开心，一直盯着那个老议员，最终他还是举了手，而且三年之后，他还访华了。他是反华的强硬分子，连他都访华了，说明他对中国有兴趣，开始花心思真正去了解中国。我很开心，那种开心，不是我自己怎么成功了，而是我用中国的文化征服了号称世界警察的美国人，让他们踏上了主动了解中国的旅程。公共外交其实无所不在无处不有，你学会了一种思维方式，学会了一定的手段之后，你做出这些事情，就不会觉得它神秘了。

冷空气下的“京剧外交”

我在美交流期间，中美关系并不稳定，一波未平一波又起。1999年美军轰炸中国驻南斯拉夫大使馆，两国的关系在一种不稳定的状态中艰难前行。2001年，应中国文化部邀请，美国宾夕法尼亚大学交响乐团首次访华，我和宾夕法尼亚大学交响乐团已经准备好来中国参加5月份的大型艺术盛会“相约北京”，那次正好是“音乐月——相聚北京”。为了这次演出，我们进行了紧张的排练。因为这次是在中国演出，为了更好地体现和理解京剧的原味，我们演出中加入了京胡和琵琶。美国前国务卿基辛格为我们写来贺信说：“你们已经做了一个很有价值的贡献，对中国伟大的传统音乐做了介绍。我希望宾大的学生能寻求对东方传统音乐更深入的了解。”为了这次演出，我们全力以赴，将中国的民族乐器融入西方交响乐团需要不断的磨合和努力才能达到预期的效果。

正当我跟宾大交响乐团已经准备完毕，中美撞机了，气氛一下子紧张起来，这场演出好像告吹似的，我们的努力似乎都要白费了，大家都有种受挫的感觉，就像我们辛苦设计的产品突然之间被人告知，是个无用的产品。这次事件，美国确实给中国带来了伤害，轰炸南斯拉夫大使馆的事情还没解决，现在又撞机了，演出搁浅了。我只能暂时搁置这项工作。

有一天我正在写东西，突然屋子里响起了急促的电话铃声，我接到的是使馆的电话，对方口气很急："喂！收护照，上纽约总领馆签证去！"我反问："嗯？什么意思？"对方不容多问，急忙说："甭管什么意思了，赶快做！"我们就急忙开始收护照，挨个儿给大家打电话，一百人，全都要收回来，需要花费很长时间。收完之后，我们连夜赶到纽约总领馆去盖章签证。然后我独自一人先飞回北京做准备工作。

很多乐器，比如大贝斯、大提琴都不能带，只能在国内借。回国之前，我曾给全国青联主席打了电话，请他帮忙借乐器，他说没问题。接着我又给文化部打电话，他们都给以支持，这些问题解决了，我就踏实了。回国之后，排练等相关事宜都谈妥了。排练地点在清华大学的排练厅，很宽敞。这时候我贴出了海报，连演出说明书都准备好了，说明书上一边儿是基辛格写的贺信，另一边儿是刘延东写的贺信，那边儿是宾大校长写的信，这边儿是文化部部长孙家正写的贺词。海报也很漂亮，印了一个我的京剧扮相的头像。一切准备就绪之后，我就到机场去接人，中央电视台也跟着去了。来访乐团下飞机的时候，我们都很激动，我们觉得终于回家了，终于踏上了自己的国土，让美国人来伴奏我们中国的京剧。

2001年5月27日，在北京保利剧院，这支美国著名的大学交响乐团与我合作演出了纯交响乐伴奏的京剧演唱。有了之前在费城合作的经历，我们心里都有底了。那天的观众很狂热，都是发自内心地欣赏。演出结束后，中央电视台采访观众，有的观众就很骄傲：“牛，真牛，美国大鼻子也给咱们伴奏京剧！”我认为观众是觉得很解气，他们的民族意识特别强，特别自豪。演出的时候我才知道，其实我们演出的那一天是美国向中国道歉，中国接受道歉了。实际上我们用京剧起到了外交的作用。我真的很开心，觉得自己很幸运，遇到一个千载难逢的机会，在那一瞬间我为外交做了一件有意义的事情。

在这场演出中，也有一个小插曲。乐团到中国之前，乐团团长说：“咱们也得演奏一首中国的曲子呀。”想来想去，奏什么呢？我想到了中国国歌。就从中国寄谱子，总谱、分谱一大捆。可是到了临演出之前，组织方不让演奏中国国歌，对方给出的理由是这个曲子没有请示李岚清同志，不能演奏。我不能理解，为了两国的友谊，演奏中国国歌，演奏美国国歌，这有什么不能允许的呢？理由不是很充分，我很无奈。乐团指挥虽然听不懂我们在说什么，但是他看得出来了，肯定出了什么状况，所以他总是追问我出了什么问题，我没法跟他讲这件事情，讲了不就又挑起事端来吗？正在我们争执的时候，演出的铃声响了，指挥也上台了。从某种程度上来讲，我可能也是有点儿有意识的拖延时间。指挥登台之后，示意乐团起立，然后示意观众起立，观众不知道指挥要做什么，领导人在观众席前排坐着，也不明白。观众起立之后，指挥回过身来，指挥乐队奏起了中国国歌。观众才明白了，有的跟着唱，气氛很欢腾，现场一下子热烈起来，没有那么紧张了。美国人给中国人演奏中国国歌，大家很感动也很激动。演奏结束后，事情已经发生了，我已经没辙了，大家也都没辙了。演奏完中国国歌之后，又按照原定计划演奏了美国国歌。通过这件事我觉得用艺术用文化来做外交，比直接喊什么“万岁”的口号作用会更好，艺术可以更直接地让我们彼此互相理解。

到我演唱的时候，音乐响起：“噔嘀嗒噔嘀嗒噔嗒嗒嘀噔嗒嗒嗒嘀噔——”本来这个时候我应该在台上了，但是指挥告诉我，这个时候我先不能出来，当音乐演奏到“嗡——”逐渐弱化变成一根丝似的时候，声音若有若无，似断未断，这也是一个乐团最难拿捏的地方。然后我走到离麦克风还有一小段儿距离时，“嘀嗒噔嘀嗒噔嗒嗒嘀噔嗒嗒嗒嘀、嗡——”，那一刻，我的汗毛都竖起来了，鸡皮疙瘩都起来了，这就是艺术的感染力，他解释的京剧比我解释的还要好，比中国人渲染的艺术张力更强，给我一种立刻就要唱的冲动，使我很快进入状态。通过这一点我觉得诠释交响乐是美国人的长处，所以这也是一次很成功的演出。底下的掌声很热烈，观众接受电视台采访的时候也觉得这场演出很“牛”。我见证了中西艺术的结合，这也是一种公共外交。不同形式的不同场合有不同的作用，可以说公共外交就是一门实践学科，没有什么特别大的道理，不要把它想成一门多么高深的学问，弄得过于复杂和学术化。只要你心里想着，你是一个中国人，你站在中国的立场为中国说话，同时你要用一个外国人能接受的方式说出来这句话，起到作用了，那么就成功了。这就是公共外交，就这么简单。

童言无忌，不能不听

在美国期间，基辛格先生是我们非常好的老朋友，他特别喜欢京剧，曾经在费城聆听过交响乐团给我伴奏的京剧。他对我们的艺术很赞叹，感觉京剧的艺术太美了。有时他参加一些活动会邀请我和女儿叶菲，包括 NBA 的比赛等活动，我们成了非常好的朋友。2010 年去世的美国前国务卿黑格，也是我们非常好的老朋友。有一次，李肇星大使交给我一个任务，让我请基辛格博士一起用餐，并趁机请他说服奥组委的美国人投中国一票。大使虽然说是让我试试，但其实还是任务。于是，我打电话给基辛格博士，博士很直接，问我什么事儿，我也很直接，告诉他希望他说服奥组委美国成员投中国一票一事。因为博士住在纽约，离总领事馆比较近，后来约见地点就在纽约总领事馆官邸。

我从华盛顿赶到了纽约，叶菲同学也参加了。刚一进门博士就说：“给你三个理由说服我。”

我说：“第一个理由您一定比我理解得更好、更全面。因为中国有 13 亿人口，占全世界人口的四分之一。如果占世界四分之一人口大国没有举办过一次奥运会，那么奥林匹克精神怎么解释呢?”我相信这条理由是每个官员都会说的，他点头同意。

正在我想要说第二条的时候，叶菲同学说话了，别看她年龄小，经过国外这么多年的成长，她已经得到了很多锻炼。

叶菲说：“博士爷爷，我来说第二个理由。”基辛格点头同意，叶菲不慌不忙很认真地说道：“现在，加拿大和中国都在竞争 2008 年奥运会的举办权，各大媒体都倾向于认为美国将全力支持加拿大申办成功。据说美国正计划申办 2012 年奥运会，可是国际奥委会规定同一地区不能连续举办两届奥运会，而美国与加拿大同属北美洲，如果你们支持加拿大而不是支持中国的话，那么美国就没有资格再申办 2012 年奥运会了。”

这句话切中要害，因为她说到了美国的国家利益上，博士盯着叶菲看了半天，说：“这个我怎么没想到啊，你说服我了。没有第三个问题了，我被你说服啦！我们开始吃饭吧！”我们的请求顺利通过。

这件事情让我很惊讶，我问叶菲：“你哪儿来的这些个想法啊?”

叶菲反问：“你们不看报纸啊?”

因为我英文水平有限，看报纸不会看出很多东西，但是叶菲就注意到了。就这样我们非常简单地以他能理解的符合国家利益但是也没有触动他个人利益的理由，而且是以一种他没有想到的理由把问题解决了。吃饭的时候我们别提多高兴了。博士当时就说：“到时给你打电话。”

后来他给奥委会成员打完电话后就通知我，说我可以拜访某位奥组委成员了，他干脆就陪我去了。我们一个一个地拜访，把主要的人员都拜访到了。虽然很辛苦，但是这件事我真的做到了，我不知道，也不管最后美国奥委会投我们一票基于什么样的原因，但最终我们申奥成功了。作为一个艺术家，作为一个公共外交的实践者，我做到了。因为每一个人见到艺术家，都易于从艺术的角度，就艺术展开话题，通过对艺术的共同感知建立起相互的尊重和信任，拉近彼此的距离。而当我把话题真正引到实质问题的时候，轻描淡写的一句话他就接受了。我觉得通过这件事情，一个童言无忌的孩子起到的一些作用和我做的一件小事就能看到公共外交的重要性。

当奥运会申办成功后，我觉得我也尽了自己的一份微薄之力。因为我亲身参与了说服工作，并且非常执著地拜访了很多人。每拜访完一个人，我都很开心，觉得人家被我说服了，很有成就感。这也是公共外交的一种表现，用艺术家的身份和人格魅力，用自己的语言去说服别人。事实告诉我，如果在国家利益上没有冲突，他们承诺就会兑现。

在美国期间，黑格先生对我们很友好，但是他对中国了解不全面。有一次跟他在一起，我从文化入首与他进行了深入的交谈。谈话结束后，他自己说，他有一个全新的收获，对中国的认识、对自己的认识都脱胎换骨。其实这只是一顿饭的时间，你可以抓住任何时机去做你的工作。你只要真诚，要学会倾听，找出他为什么不够了解中国的症结所在，然后“对症下药”，这样才能发挥作用。这是我自己做公共外交的一个心得。

参加女儿在雪城大学的毕业典礼

在国外做文化交流这么多年，最对不起的就是我的女儿，最让我骄傲的也是女儿。

前面已经说过，1993 年我们夫妻二人赴匈牙利交流，由于匈牙利方面的努力，文化部特批我们可以带着女儿一同前往，叶菲也因此成为“娃娃护照第一人”。

匈牙利首都布达佩斯历史悠久，文化氛围浓厚，为叶菲的成长提供了良好的环境。由于我们夫妻二人交流任务繁多，绝大多数时间都在欧洲几个国家之间穿梭，根本没时间照顾女儿，所以大多数时间她就住在我们所在州的州长家里。远离父母，又长期“寄人篱下”，造就了叶菲独立自强的性格。而州长家贵族式教育则帮助她养成了良好的个人习惯，成了一个不折不扣的“大小姐”。

叶菲很争气，在匈牙利读书期间，成绩一直在班上名列前茅，我和先生都很为她骄傲。异国的交流工作虽然辛苦，但是有这么一个出色的女儿，给了我们莫大的安慰。闲下来三人聚在一起，听着女儿说说学校里的事情，一家人其乐融融，最简单的幸福莫过于此。

叶菲 13 岁时，由于我工作的关系，她随我一起前往美国。由于语言的差异，她再次面对一个完全陌生的世界。但她依然没有让我们失望：不仅在短时间内熟练掌握了英语，还在 2005 年获得了美国总统奖。在美国，每个州一年只有两个人能获得此项殊荣。

高中毕业，叶菲以优异的成绩被雪城大学录取，入读该校最好的学院之一——纽豪斯公共传播学院。在她大学毕业时，我作为优秀毕业生代表的家长，被邀请参加毕业典礼，于是有了下面这次难忘的经历。

那天的衣服是我精心挑选的，因为我知道我上去气场是要镇住全场的。既要好看，也不能太过花哨，一定要庄重典雅而不失亲切。一条宝蓝色丝绒裤子，搭上同样颜色质地的中式对襟上衣。亮点在上衣的扣饰，是用亮缎子盘成的扣，暗色的丝绒与亮色的缎子互相映衬，极具东方特色。

那天参加毕业典礼的毕业生有九千多人，还有大批的教授、老师。我上台以后很亲切地看着同学们，我知道美国人的心理，他们喜欢自信的人，所以上去千万别谦虚。我形容自己是“低调的奢华”。我低调，因为我是一个学生家长，我要时刻注意自己的身份，不能太过张扬。所谓奢华，是指我气场很强，那是一种软的东西在支撑，就是我多年积淀的艺术气质。美国的毕业典礼真的跟我们中国的完全不一样，像国庆阅兵一样，一个学院一种服装，全都坐在台下。教授都身着教师袍站在场地中央，本科生、硕士生、博士生次第进场（美国的高校更看重它们的本科生），迎向教授。

我用亲切的目光看着他们，一层一层地看过去，最下面是学生，中间是VIP，最上面是家长，我目光基本全扫到，然后说："雪城大学的学生、家长和朋友们，大家早上好！""哗啦哗啦"全是掌声。"刚才介绍了我这么多名衔，但是，我最喜欢的是我是一个雪城大学Newhouse学院的学生家长。"然后他们就欢呼鼓掌，特别热烈。之所以反应如此强烈，是因为我前后身份反差太大。之前主持人介绍我是中国政协委员，这相当于美国国会议员了，而我却强调自己学生家长的身份，他们一下子就有了亲近感。

接着我就问他们："你们去过中国吗？"大部分人都说没去过，我又问："你们想去吗？"很多人大声说："想去！"我说："美国人不应该光知道中国的长城和烤鸭，中国人也不应该光知道美国的大峡谷和麦当劳。美国有自己的独特文化，中国也有几千年的灿烂文明，两国应该加深彼此的了解。中美两国的未来就落在你们——雪城大学的精英学子们身上！有没有信心啊？"底下又是一片欢呼声。美国人就爱听别人夸他们，所以特别高兴。"美国最棒的传媒精英，你们不要辜负美国人民乃至全世界人民的对你们的期望！"然后，"哗"，又是一阵经久不息的掌声。

我接着说我是一个京剧演员。知道京剧是什么吗？京剧是唱念做打、生旦净丑，程式化又极富特色的表演，是中国的国粹。我又问："你们知道孙悟空吗？"很多声音说"知道"。然后我就在台上随便走了那么一圈，告诉他们：我已经像孙悟空一样，从花果山到天上，走了十万八千里了，这叫行如风；你们去看看大英博物馆里的中国的钟，洪钟坐在这，稳稳当当，才有震慑的作用，这叫坐如钟；只有做到坐如钟，你才从一个男孩变成一个男人！然后底下又乐了。我马上站了个姿势，问漂不漂亮，底下回应说"漂亮"；我问哪儿漂亮，底下又笑，不知道哪儿漂亮。我说，看到我的脚了吧，我的脚站了一个T形，侧身把最难看的屁股藏起来了，这叫漂亮，这就叫站如松。京剧的站坐走都有它的形状，这就是京剧的魅力所在。我是一个京剧演员，我深深热爱着京剧，我希望你们有机会能领略京剧的魅力。只要是雪城大学的学生到北京，我一定免费请你们看京剧。然后台下又是热烈的掌声，大家都特别兴奋。最后我说，为了表达我对学校的谢意，我送学校一幅画。这其实是我一张《贵妃醉酒》的半身剧照，古色古香，特别漂亮。底下人全站起来看，还有人想冲到台上来看真切。当时美国副总统拜登（他是雪城大学校友）还在台上呢，我赶忙安抚："先别乱，这画我送给你们不拿走了，你们慢慢欣赏。"

接着我说："我说最后一句话，也是最宝贵的一句话，说完就再也不说了，想听也没有了。"底下一听又乐了。我说："请你们千万记住曾在雪城大学学习和生活过的中国孩子叶菲，同时她还有一位唱京剧的妈妈，结束！”

演讲结束之后，老师和同学都争着和我以及我的大幅副剧照合影，我就耐心配合着，一一和他们拍照。他们不仅仅是被我的个人魅力吸引，更是被我们的国粹京剧、被中国文化吸引了。我依靠个人的表现力，简短而又巧妙地将京剧的特色和美感表现了出来，从而勾起美国人对京剧的兴趣，进而对中国文化、对中国感兴趣。我觉得我个人的魅力，源于多年的艺术熏陶，也得益于日常出席各种场合的经验积累。这种表现力和亲和力，是很多专业的外交人员都难以做到的。

亚 洲 篇

文化在韩国大放异彩

2007年，中韩建交15周年，也是中韩交流年，我跟随中国青年代表团来到了韩国。韩国方面请我们青年代表团到大使馆去，给我们讲韩国的文化和历史，想做一个深度交流，这也是公共外交。讲解人的中文说得很好，他说他喜欢汉语，他的夫人和孩子都在学汉语。他先说自己很喜欢中国文化，麻痹中国人，然后开始讲韩国的电视剧有多么精彩。那时候韩国电视剧风靡亚洲，中国人很爱看。很多家庭不同的成员为了看各自喜欢的韩剧，甚至会多买一两台电视机。说到最后，又说到艺术，他说如果我们的韩流和汉文化交织在一起，我们的文化将屹立于世界之巅。听到这儿，我的火就开始向上冒，我内心就开始不由自主地驳斥：韩流能和汉风相提并论吗？但是中国青年代表团的孩子们都两眼放光，听说他的儿子汉语说得好，有的孩子就问能不能和他的儿子交流，还有的孩子问这次能否见到韩剧中的某个角色、明星。他们都被吸引，被同化了。但是他的确很会做工作，放的风光片文化片也确实不错。当时团里面还有各地各省的团干部在内，我一直按着火儿，我一个劲儿看团长，团长也看我，他坐第一排，他想跟我说话却又没法说。我知道他想让我站起来发出不同的声音，我也特别想说，我老举手，但是人家不理我。因为我们青年代表团是随温家宝总理出访的主力，我觉得我再不说话，这些孩子就全部都恨不得要高呼“韩流万岁”了。

我干脆就自己站起来发言。我说：“全世界公认的最高的艺术形式是戏剧，您认同吗?”

他点头同意。我继续说：“我是一个中国的京剧艺术家，我为我们中国的国剧——京剧感到骄傲和自豪，请问韩国的国剧是什么?”

他愣住了，支支吾吾接不上话：“这个，我不知道，我不知道……”只好向他们的文化参赞求助。

文化参赞过来救场：“唱、唱……”“唱”这个字儿说了半天也没说出来个所以然。

我接住他的话头说：“我知道您想说的是唱剧，但是我给您解释一下，学生们也都听好了。唱剧是中国说唱艺术的一种，类似于我们的评弹、京韵大鼓、说书，原来唱剧中一个人说三国，现在是所有角色唱自己，就变成‘唱剧’了，但是唱剧没有规范的形式和动作，想怎么表演就怎么表演，随意性比较大，我认为这种剧还不够成熟，不能称之为剧，我觉得它不能完全代表韩国本土最高的艺术形式。”

我们团长听了顿觉痛快，暗中捅我，偷偷地冲我竖大拇指。这位讲解人脸憋得通红，我继续问：“即便您认为唱剧是韩国的国剧，请问您有什么交流的计划吗？什么时候让中国人看到唱剧？”我心里有把握他们没有这种计划，连唱剧这个艺术形式都不了解，他怎么会有？

他慌忙问别人：“我们，我们有没有这样的计划呀……”他又问文化参赞，文化参赞也语无伦次了：“我们应该是有所准备，我们正准备……”

作为大使馆这方面工作的要员，他应该比别人清楚，这时候却反过来问别人。刚才得意洋洋的韩国人都被我犀利的提问弄懵了，他们完全没有想到我会这么问。

我认为这也是一个公共外交范例，当外来文化来同化我的孩子们的时候，我不能眼睁睁看着他们被同化。在历史上，朝鲜半岛曾经是中国附属国，多次遭受日本侵略，上个世纪曾被日本占领。俄罗斯也干涉朝鲜半岛事务，二战之后，苏联和美国划定势力范围，造成了南北分离，至今没有统一。我们觉得韩国很了不起，领土面积很小，国际环境恶劣，东边有日本，再东边是美国，东北边有俄罗斯，北边、西边是广阔的中国，却取得了举世瞩目的成就。但是也不能这么狂妄地吹嘘自己。而我们实事求是，有什么就说什么，说什么就是什么，京剧如果不是国剧，我绝对不会说它是国剧。经过我这样一番对话和提问，他们一下子感受到了中国文化的震慑力，收敛了很多。

而且这位韩国大使馆的讲解人明显对自己国家的文化没有深刻的了解，至少他的传统文化积淀不够，否则他也不会被我问住。同时我也深刻感受到，我们的青少年对外来文化的倾慕，对自己文化的疏远。我越发觉得我们应该加强对青少年的传统文化教育。一个国家，一个民族，如果她的青少年，她的后代不热爱自己的文化，文脉断层了，那将是多么的可怕？我们这个民族又以何等面目立于世界文化之林？

后来，韩国大使为此还专门请我吃饭，约我一起看了一场京剧。其实我明白他要做什么，这是个聪明人，他是第一次听说这个事物，于是就要学习，学会之后，了解我们之后，才知道下一次如何应对我们。韩国卫生部部长、旅游部部长、教育部部长来到中国之后，全都买最好的位置，请我陪他们一起去看戏。有一天看的是一场越剧《红楼梦》，越剧也是中国著名的戏曲剧种之一，小说《红楼梦》是中国四大古典名著之一，我得好好宣传一下。于是我开始大讲特讲《红楼梦》，这个地方越剧这样演，京剧是那样演。我还把越剧和京剧做了一些比较。京剧不大擅长才子佳人戏，拿手的是帝王将相。我又告诉他们越剧哪儿好，我讲得头头是道，他们听得津津有味，不住地点头。

我认为这也是公共外交。他们来中国之后看戏曲的热情很高，有时候长安大戏院、梅兰芳大剧院没有特别想看的剧目，就跑到国家大剧院等，四处搜罗，看到什么好的就买什么票。而且他们不仅仅看京剧，看越剧，还看过一场豫剧，但具体剧目我记不清了。京剧《赤壁》也看了。他们对这场戏很感兴趣，应该说他们对“三国戏”很感兴趣，追捧至极。虽然我对《赤壁》某些地方持保留意见，但是在韩国人面前我还是要介绍这个剧目，要把《赤壁》精彩的地方告诉他们。

韩国人对“三国”题材情有独钟，怎么演他们都觉得好，无论是小人书、木偶戏还是戏曲。他们对“三国”的喜爱程度超出绝大多数中国人对“三国”题材的热衷和崇拜。20 年前，一批日本人到中国南方观摩“三国”题材的木偶戏，他们场场不落，每场必看，看到一百多场的时候，觉得自己在中国看了好几个月的木偶戏，终于想起该回家了。如果把《三国演义》排演成京剧连台本戏，从一年的起始 1 月 1 日演到年终最后一天 12 月 31 日，也未必演得完。但是凭着对“三国”戏的热爱，我相信他们能够场场不落地给看下来，他们的热情就是如此之高。“三国戏”能受到日韩等亚洲国家人民的青睐，除了我们能够想见的普通大众对戏中机关、智谋、策略的钦佩，肯定另有深层次的原因，这一点，值得我们研究，以便服务于我们的外交工作。

是脚印，更是国家形象

2007年4月10日下午，我们中国青年代表团连同韩国青年，共三百人在与青瓦台总统府一路之隔的景福宫集玉斋，等待着温家宝总理和韩国韩德洙总理的接见。

集玉斋是韩国古代高宗的书房，书斋两侧的立柱上有一幅中文对联“太华夜碧人间清钟，西山朝来自有爽气”，显示出韩国文化与中国文化的深厚渊源。当时现场还有一个中韩文化交流协议签字仪式，那天下着蒙蒙细雨，青瓦台搭了两个舞台进行演出，来烘托这个重要的仪式。两个舞台一个表演的是中国武术，另一个表演韩国传统的民族舞蹈。

两边表演完之后，工作人员在来回走动的过程当中，就在地上铺的红地毯上踩上了几个脚印。可以想象，非常干净非常鲜艳的红地毯上长了几个白色的脚印儿，真的是太扎眼了。大家都觉得看着别扭、碍眼，但是谁都不敢动，因为总理马上就要出现了。我当时是青年代表团副团长，我在旁边看着，心里面觉得特别难受，想找几个人把那脚印抹了，但是没人看我，我也做不出什么暗示动作来。

可是这几个脚印大家都看着别扭，两国总理出来看到肯定也别扭，这样一个庄严的时刻，怎么能在象征两国友谊之路的红地毯上留下几个白脚印儿呢！想到这里我就从包里拿出了纸巾，大胆地从队伍里出来，从最后一个脚印开始擦，一点儿一点儿擦，把脚印儿全擦没了，又站回我原来的位置。回位之后，才发现各个媒体的闪光灯在冲我“咔嚓咔嚓”地拍照，我当时真没想到擦脚印的动作会受到这么多人的关注。没过一会儿，领导人就来了，握手，签字。就这么一件小事儿，在当地就变成了新闻，第二天这个插曲韩国报纸就全给登出来了，报纸上的图片全都是我蹲在地上擦脚印儿的情景，新闻大概意思就是中国青年代表团的领袖在这个重要的时刻擦去红地毯上的脚印，显示出了大国的胸怀，大国人的姿态。

当时他们的教育部部长是位女士，专门绕过队伍，到我身后来，向我鞠躬致谢。

她说：“没有人敢动那个脚印，也没有人敢想，只有您站出来了。”

我的答复很简单：“这没什么，您想想，干干净净的红地毯上有几个白印儿，太碍眼了。”

她又接着说：“领导人马上到，不敢动。”

我说：“领导人马上到，更要赶快把脚印清理干净，要不然多难看啊。”

她感叹：“您怎么就想到去做这件事情？我真是打心眼儿里佩服您身上体现的大国风范，身为一个艺术家可以躬身擦去地毯上的脚印，这让我感受到了大国的胸怀。这个动作对我们韩国青年也是一种教育。”

我回答说："你们的教育已经做得很到位了，他们这种意识比我还要强，只不过他们被教育束缚得太紧了，想不到这一层，或者说不敢做。"

擦脚印无疑是一件小事，也纯粹是我的个人行为，但是在韩国人看来，我展现的是中国的大国风貌。之前我提到过公共外交是一门实践学科，一个人在进行公共外交时应该怎么做？其中有一点很重要，就是你个人的行为。公共外交产生什么样的效果不仅仅取决于我们说了什么，同时也取决于我们做了什么。评判一个公共外交活动是不是成功，首先要评估进行这项活动的人行为是否有效。

传统的公共外交是靠国家来支持，以达到宣传自己国家的目的，取得对方国家的理解和好感。现在的公共外交，每一个普通人都可以参与进来，成为国家形象的主动宣传者。而个人的行为本身就影响着他人对你身后的祖国的认知。李娜在 2011 年的法国网球公开赛上赢得了冠军，她表现出的谦虚和尊重，让世界更好地认识了中国。有人注意到李娜的身上有文身，外国人觉得她身上有一种自由精神，充满活力。还有姚明，简直就是中国的品牌。美国的篮球普及程度很高，但个别篮球明星在生活上并不检点，时常会被爆出一些丑闻。但姚明在美国球迷眼中一向是很阳光，很正面。更多的美国人也通过姚明认识了中国。

李娜和姚明从事的都是西方人所钟爱的运动，一个是网球，一个是篮球。但更重要的是他们善于在媒体面前表达自己，这很值得我们学习。在国外，中国的体育明星就像是中国的名片，他们在国外的言行举止非常重要，因为外国人往往会通过他们来认识中国。

不仅是在国外，在国内我们也应该注意自己对待外国人的态度和言行。现在很多外国人到中国来学习、旅游或者工作，人在异乡总有不适应的地方，这也要求我们在同他们打交道时要特别注意。每一个中国人都要明白，我们和外国人交往，就是在表现中国的国民性，在展示中国。

北京奥运会期间，中国的志愿者、出租车司机、普通市民都参与到奥运工作中来，都在向世界说明一个现代、文明、开放的北京，传达现代中国的精神面貌。用赵启正主任的话讲，就是："公共外交，人人有责。"CNN歪曲报道西藏的打砸抢事件时，我女儿叶菲正在CNN实习。有一次吃饭的时候CNN总裁跟她讲起不明白中国人为什么对CNN很恼怒。叶菲告诉他，他们触碰了中国人的底线。总裁不明白，叶菲就跟他讲，历史上的西藏，农奴主是拿奴隶的头盖骨吃饭的。总裁还是不明白。叶菲就更进一步说："这就好像马丁·路德·金复活了，让他大吼一声，黑人兄弟们继续给白人做奴隶吧？可能吗？"总裁立刻意识到了自己的错误，不再说什么了。

虽然大多数公众可能并没有机会参与到公共外交的活动中来，但是他们在各种国内外公共场合的表现，也是国家形象的具体表达。这与公共外交对外展示良好的中国形象的目的是一致的，所以说，广大中国公民的综合素质，他们在公共场合的言行举止、素养和风貌也是公共外交的一种表现形式，也是国家形象的重要组成部分，是中国公共外交的基础。只有每个炎黄子孙心里都装着祖国，在对外交往的时候，用西方人的思维和文化来解释中国的问题，才能更好地塑造我们的国家形象。

前面我曾经提到过文化“走出去”，要修炼内功，不仅要练好文化内功，也要提高文明素质。良好的习惯是一点一滴培养起来的，优秀的传统也是一代一代教育传承而来的，每个人在成长的过程中，要在继承和发扬优良传统的同时，注意改掉在经济和社会发展过程中产生的陋习。比如一些中国游客在旅游场所以及飞机、车厢、酒店、电梯，甚至公墓等场所大声喧哗、高声说笑，给中国人赚得了一个“大嗓门儿”的称呼；很多人在扶梯上，不遵守右侧站立、左侧急行的规矩，喜欢并排站立，堵住通道；有些人还到处拍照，甚至看到人家的房子很漂亮，私自进入观赏，未经允许随意拍照；随地吐痰的毛病也令人侧目……中国人在走向世界的同时，也要注意自己点点滴滴的言行，塑造中国人的形象。

与政府外交不同，公共外交必须依靠民间力量。现在中国每年出国人次以千万计，这些人都有机会进行公共外交。每位走出国门的中国人都要用心当好“形象大使”，这是最广泛最基础的公共外交，因为你身上传递着中国的信息。此外，还要加强对外国留学生的文化教育，增强中国文化对他们的吸引力。来中国的留学生将是未来各国的“知华派”、对华友好人士，我们应当采取更多手段帮助来华留学生更快融入当地生活，让他们结交中国朋友，接触中国文化，更深入地了解中国。另一方面，出国留学生越来越多，但其中很多人对国情缺乏认识，对祖国文化缺乏认同感。我们应在基础教育和社会教育中增加这部分内容，使得他们真正“内知中国、外知世界”，成为公共外交的有效力量。公共外交重在深度和广度，国家还应鼓励、促进各个层面公众、精英的跨文化交流。具备能力和热情的公众，可以由单纯的倾听者、旁观者、追随者转换为行动者、创造者，进而在各个领域、场合输出中华文化及维护和争取国家利益。

通过公共外交活动，我们可以更直接地面对外国公众，减少西方媒体对中国形象的扭曲和片面报道。公共外交应成为国家一项重要计划，政府应成立一个专门机构，对涉外的各种组织、机构、人员开展公共外交的理念普及、经验培训，使得国家在对外工作的各个层面上都有一大批“内知中国、外知世界”，注重建立长久国际公共关系的“民间外交人士”。

日本的文化交流

1990年，由戏曲家代表团主席赵荀带队，我跟随戏曲家代表团去了日本。那时候去日本是很光荣的事情，因为那时的戏曲代表团大师云集，梅绍武（梅葆玖的大哥，梅兰芳的大儿子）、常香玉、张继青……艺术家里面岁数最小的人是我。我很珍惜这次机会，日本对于京剧的研究程度很深，去日本交流是很有意义的。

作为文化外交的一分子，我觉得非常光荣。国家形象是一个国家最重要的无形资产，在某种意义上左右了其他国家对该国的政治思维模式和外交政策的制定。国粹京剧艺术以其丰富的内容、完善的形式、精湛的技艺，达到了戏曲艺术发展的高峰。她突破时空界限的虚拟化表现方式，从化妆到表演的艺术夸张和写意手法，凝聚了漫长的历史岁月中所沉积的美学品质和艺术手段，具有鲜明的民族特色和浓郁的艺术魅力。其所形成的中国特有的戏剧艺术体系是完全可以同斯坦尼斯拉夫斯基、布莱希特等戏剧艺术体系相媲美的，不单是中华民族文化的瑰宝，而且是人类文化宝库中的精品，是中国的一个象征性符号，在国际上享有崇高的声誉。

在公共外交领域，我已经不再是一个纯粹的艺术家。我在朝着一个正确的方向前进，而这个方向就是为祖国谋利益。政治的东西并不是孤立的，外交的东西也不是孤立的，我作为一个艺术家即使是在艺术领域，我的言行也要遵循正确的政治方向。资本主义国家政权的背后是“权钱”交易，即使是政治上的小事件也是错综复杂的，这是无数事件趋向显示的一个真理。没有事件是孤立的，在以文化交流为途径的公共外交过程中，我们更要做到谨言慎行。

用历史的眼光去看问题，用辩证的眼光去分析问题，用大局的思想去考虑问题，这是我这些年公共外交活动的经验。

国 内 篇

克林顿一语惊醒梦中人——我的“京剧三国论”

亟须构筑的“文化国防”

美国总统克林顿在任时，曾有一次召集了十几个国家的大使谈话，谈文化的问题，我有幸作为听众受到邀请。关于文化，他谈了很多，包括国与国之间文化的交流。最后在结束的时候，他提出一个问题让我印象深刻：“各位想一想，猜一猜，我们用什么打败了前苏联？”所有人都在想核炸弹、高科技等等。随后他笑着说：“是文化。”事后我细想了一下，真的是文化，他没有费一枪一弹，就靠着意识形态的渗透，将西方人权、民主思想和西方价值观潜移默化地影响了苏联人的思想，靠着“全人类共同的价值标准”、“民主”、“人道主义”这些标签，苏联人更倾向于走美国式资本主义道路，苏联从内部瓦解了。意识形态的东西真的很可怕。

艾森豪威尔曾经提出：“美国之音”要越过国境，越过海洋，穿过铁幕和石墙，才能同共产主义进行斗争。虽然我们政府很重视意识形态领域的教育，但是怎样在国际上寻求有效的话语权，如何让外国人给我们机会来展示我们的民族精神、民族文化和价值观，这方面我们做得还远远不够，或者说没有找到一个行之有效的方法。虽然古人云："君子讷于言而敏于行。"但是我们的交流对象不是同一语境中的中国人，他们具备的是西方式的思维，这个时候我们再恪守"沉默是金"、"只做不说"的信条，就太不合时宜了。那时候我有一种想法：用我们的文化铸成一座新的长城。"文化长城"、"文化国防"这个词很早就在我的脑海里浮现了，是油然而生的。

首先，我们的传统文化和媒体传播，不能跟上新时代，无法抓住年轻观众。当然，我们政府一直很重视京剧文化发展，前全国政协主席李瑞环、前中央书记处书记丁关根同志一直在抓中央电视台戏曲频道的发展建设。中央电视台戏曲频道作为以弘扬和发展我国优秀戏曲艺术，满足戏迷审美要求为宗旨的专业频道，自开播以来，取得了显著效果。但毕竟观众的年龄层比较高并且单一，只局限于电视传播还远远不够；而我每次去剧场，都会看到观众群以老年人居多。

其次，大部分京剧院团都缺乏现代经营管理理念，缺少好的曲目和京剧演员，使得京剧的发展和传播举步维艰。京剧以及其他民族艺术要想走向市场、走出国门都需要经纪人，这些经纪人不仅需要懂得民族艺术，还要有现代经营理念。

比如，有1000万元资金让经纪人进行运作，他可能会拿出其中的1/4做前期市场调查，了解观众口味，拿出2/4制作整台戏，剩下的1/4做后期宣传，开拓市场。与之相比，现在的京剧院团，缺乏现代的经营意识和理念，如果给他们1000万元，他们恐怕会全部用在作品创作上，不会考虑受众及市场等诸多因素。

第三，院团经营状况堪忧。2005年，我随全国政协考察团到河南、内蒙古、哈尔滨等地的京剧团进行调研，这些院团的经营状况非常不好。由于资金少，收入低，演出机会少，缺少新剧目，大量人才流失到了其他领域，形成恶性循环。内蒙古京剧团属省级院团，而现在所剩下的演员已屈指可数。宁夏京剧团前身是中国京剧院四团，武戏非常优秀，曾经培养过一批京剧表演艺术家，但目前已经没有太多的年轻演员，面临着青黄不接的局面。政府应对传统文化艺术进行立法保护，以此挽救这种颓败的局面。现阶段，如果一味地强调商业化，强调市场，京剧会很难存活下去，因为市场和消费群体有时候也是盲目的。目前拯救京剧的当务之急就是要政府扶持、引导，为公众提供公共文化产品。只有如此，京剧中那些优美的程式，那些华美典雅、飘逸修长的服饰，那些字正腔圆、回味无穷的唱腔才能延续下去；只有如此，代表着传统文化价值体系、代表着民族灵魂的古老文化传统的京剧艺术才能传承下去。由于公共文化不可替代的重要性，世界各国都采取特殊政策为社会公众提供公共文化产品及服务。比如说，费城交响乐团首先考虑的重点就不是赢利，而是对公众普及艺术教育，提高公众尤其是年轻观众的艺术素养。日本对传统文化的保护也十分值得我们学习。日本实行“人间国宝”认证制度，就是将能够再现或者精通非物质文化遗产技巧的个人和团体，认定为“非物质文化遗产保持者”。日本政府每年向“人间国宝”提供“特别援助金”或补助金，政府相关部门还要完善重要非物质文化遗产的记录、保存和收购等工作。可见日本政府为保护重要非物质文化遗产的生存和发展，投入了很大精力。仅靠政府的财政支持是有限的，日本企业也参与到这项工作中来。他们认识到，保护非物质文化遗产是企业的社会责任，同时也是企业扩大品牌影响力的机会。以中国企业现在的发展情况和经营理念来看，我们不敢奢望他们尽一份保护非物质文化遗产的责任，但是政府应当承担起保护民族文化命脉的责任，如果活的文化艺术遗产消失了，那就再也抢救不回来了。

在西方文化的大肆入侵之下，面临危机的又何止京剧，更是整个华夏文化。当我们的孩子在吃着麦当劳，看着好莱坞电影时，他们或许并不会想到，他们正在消费着美国文化，并且在不知不觉中接受着美国文化。

现在的中国俨然已成为“世界工厂”，“Made in China”早已遍布全球各个角落。但我们陶醉在高涨的GDP指数和飞速增长的外汇储备时，却不得不面对这样一个残酷的现实：中国文化逆差高得不可思议，在琳琅满目的“中国制造”中，文化产品意想不到的稀缺。

下面一组数字足以令国人咋舌：2008 年，我国文化产品引进与走出去的比例为 7:1，即引进花 7 元钱，出去只得 1 元钱；虽然 2009 年这一比例基本达到了 2:1，但文化产品类型、出口渠道依旧不容乐观。文化部数据显示，在 2011 年世界文化市场的格局中，美国、欧盟、日本、韩国所占比重依次为 43%、34%、10%和 5%，而我国仅为 4%，位列第五。在这可怜的 4%中，还有相当一部分是依靠廉价劳动力支撑的“硬件产品”。

无独有偶，赵启正在《向世界说明中国（续编）》中讲过一个故事，索尼娱乐公司把美国的《美女与野兽》引进中国时，索尼的总经理对他说：“中国的演员是一流的，中国的舞台美术是二流的，中国的文化产业经营却是三流的。”

经济上的损失固然令人扼腕，但数字背后的不仅仅是经济损失，更是中国文化所面临的巨大挑战：在西方文化、资产阶级意识形态借助成熟的文化产品大肆涌入我国的同时，中国文化不仅走不出去，甚至连“自保”都难。

“软实力”理论提出者、美国哈佛大学教授约瑟夫·奈认为，中国文化在全球传播有很好的前景，理由有二：一是中国文化底蕴深厚，对西方一直有很强的吸引力；二是伴随着中国经济的持续发展，中国文化的影响力也会逐步扩大。但实际上呢，中国深厚的文化底蕴要么无人开发，要么不会开发；中国的影响力持续扩大，中国文化的影响力却长期停滞不前。

我们并不缺少故事，缺少的是会讲故事的人，是讲故事的艺术。同样，我们并不缺少文化，缺少的是成熟的文化产品，是合理的开发、运作方式。

我们的文化产品在国际市场上缺乏竞争力，难以“走出去”的一个重要原因，就是我们的文化产品自设计时就是针对国内市场的，缺乏专门的“出口型文化产品”。中国文化要借船出海，而所谓的船就是既具有中国文化内涵，又能适应西方人欣赏习惯和审美需求的成熟文化产品。

面对如此严峻的文化形势，作为一个京剧演员，我虽然忧心如焚，却也不能因此自乱阵脚。这么多年来，我一直在我喜欢且擅长的京剧领域探索，尝试利用国际文化交流的机会，将京剧推广出去。京剧不仅仅是娱乐，更是中国文化。在京剧的对外推广过程中，形式和内容的创新不仅使得京剧更易为西方人接受，也给京剧的发展带来了新的可能。我希望外国人在观看京剧的同时，不仅为这绝美的东方艺术折服，更能看到其中所蕴含的中国文化。

希望与危机并存

传统文化在中国的传承和发展还是很有希望的。在2006年年底，我再次参加了由全国政协委员中的部分著名表演艺术家组成的“不同类型戏曲院团改革发展运作模式”考察团。河北、山东两省的地方戏曲院团较好的生存状态给了我极大的安慰和希望。在几所大学演讲之后，我发现了一个特别现象：京剧和孩子们之间有一道门槛，而一旦跨过这道门槛，他们会生发出极大的兴趣，他们会觉得在京剧世界里春光无限，立刻就会喜欢上京剧并痴迷于此。“不到园林，怎知春色如许”，只有进入京剧这个五光十色的世界，才能感受到她的美。

为什么哈日、哈韩的现象很严重？在一定程度上是因为我们的传统文化没有很好地普及，没有引领中国的文化趋势。我们的文化体制在改革过程中的确存在问题，加速了传统文化的消亡。比如京剧，在20世纪80年代进行过一次改革，这次改革并没有把京剧发展推向一个新的高峰，反而使其陷入了泥潭。京剧本身是一门雅俗共赏的艺术，现在似乎变成了贵族艺术，离观众越来越远。

今天再讲文化体制改革要慎之又慎，尤其是传统文化的改革，就当下的状况而言，要使传统文化成为一个产业是不大可能的。首先，广大受众的传统文化积淀不足导致了京剧市场的萎缩，即使有市场，大部分也是炒作投机，是虚假繁荣。而且因为在改革开放中外来文化对民族文化的冲击使传统文化处于弱势地位，传统文化阵地瞬间被外来文化占领了。现在人们心理浮躁，拜金主义盛行，发展重速度不重质量，所有的官员以GDP论业绩，文化相对来说没有人重视，没有重视就没有投入，没有投入就会丢失，所以剧种、剧团消亡的速度很快。改革之后很多剧团行当不全，都散摊子了，大家下海的下海，改行的改行，剧团行当不全，戏都没法儿演。传统文化失去阵地的直接后果就是娱乐引领文化。但是传统文化是我们民族的根。根没有了土壤，谈何立人、立国？

京剧里面有着丰富的传统文化内涵。比如说“三国戏”，《群英会》要破题，用什么来逼曹操？诸葛亮在手上写“火”字，周瑜也写“火”字，周瑜的字写得很焦躁，诸葛亮则是胸有成竹地写，鲁肃一看，三个人一笑，不同的笑又代表了他们不同的性格和立场，这在戏曲中描写得是多么淋漓尽致，它体现了一种政治文化。戏曲行业现在本身生存就有危险，如果再一刀切，全部推向市场，那就是病危下猛药，这是不科学的。我不是在排斥外来文化，我们需要的是百花齐放，像话剧、电影、歌剧、流行歌曲这些艺术形式都是外来的，这些艺术形式占据了大部分文化市场。我们要保住传统，传统是我们的根本，是我们要传下去留给子孙后代的。

所以我坚持认为，推广文化体制改革要慎之又慎，在政策出台前，要做深刻的调研。通过我在国外交流的经历，我深切感受到，外国人虽然从小跟我们耳濡目染的不是一种文化，即便如此，他们却被京剧深深吸引，并且兴致勃勃地把他们的戏剧跟我们的京剧糅合在一起来表演、体验。我在国外也教了很多洋“三岔口”的学生，洋“虞姬”，他们为能表演这样一个角色感到非常骄傲和自豪。正是因为京剧艺术的魅力，我在对匈牙利交流过程中才得以作出了一些贡献，因此匈牙利总统颁发给我“荣誉国民证章”。外国人都能接受京剧，为什么国内同胞反而远离她了呢？我们要反思这个现象。我在给企业家、政府部委官员讲授京剧时，都会从大的宏观文化着手，希望他们树立民族文化自豪感，注意到传统文化对一个民族的重要性。因为我们的身体里流淌的是中华民族的血液，而我们的民族文化是民族的象征，是我们民族的根和灵魂，这是我们必须要铭记的。

那是在2000年之前，在听完克林顿的一番讲话之后，我被深深地刺激到了，我有一种强烈的意识，就是中国文化到了最危险的时候。我们的军事国防有两弹一星，有神五神六，政治国防有联合国常任理事国的席位，唯独文化没有历史赋予国防的意义。后来我提出“京剧三国论”（即：论京剧是“国粹、国魂、国防”）就是自从那时萌芽的。

现在中国是真的强大了，作为联合国常任理事国，中国对国际事务有着举足轻重的影响力。GDP总量已稳居世界第二，仅次于美国；“神州”飞天，有了现代化的军队和国防力量。我们可以毫不夸张地说，中国人民是真的“站起来了”。

但严峻的国际形势却容不得我们沾沾自喜、得意忘形，国家越是强大，我们越是要保持清醒。我们应当看到，在强大的表象之下，我们还存在致命的软肋：软弱的文化。我们没有给我们的文化提炼出一种核心价值，更缺乏传播这种价值的有效载体。

我们偌大的文化市场本应是百花齐放，争妍斗艳，可放眼望去，充斥其间的不是好莱坞电影、日本动漫，就是韩国肥皂剧。外来文化的大肆入侵，不仅将我们传统文化逼入绝境，带来巨额文化贸易逆差，更在不知不觉间影响、塑造了我们青年的思想，使他们成为外黄里白的“香蕉人”。

有感于我们国家面临的严峻的形势，结合我自己的专业所长，我提出了京剧“三国论”，即京剧是国粹、国魂和国防。

京剧根植于中国五千年灿烂文化，在产生、发展的过程之中又兼收并蓄，集各家之长。你看京剧，不仅能看到三国、西游等传统故事，更能看到仁义礼智信等道德诉求。它的历史尽管只有二百多年，但它是在汉剧、徽剧的基础上，吸收了昆曲、弋阳腔、梆子腔、秦腔等多种曲艺的元素，包含了文学、美术、音乐、舞蹈等众多艺术门类而成，是最终集大成者，其渊源乃是上下五千年辉煌灿烂的华夏文明，所以它与“斯坦尼斯拉夫斯基表演派”和“布莱希特体验派”一起并称为世界三大戏剧体系，被命名为“梅兰芳表演体系”。所以说，京剧是名副其实的“国粹”。

一个民族要有根，一个国家要有魂，无根不立，无魂不强。作为“国粹”的京剧正是我们的国魂。京剧表达了我们民族的文化心理，与我们的生活血脉相连，传统剧情里传达的是我们的传统美德：仁、义、礼、智、信。作为独立的文化系统，京剧起着传承传统文化，教化世人，抵御外国文化入侵的作用。因此，我们必须充分重视京剧，并将它作为传承传统文化的有效手段。

当前严峻的文化形势要求我们要从国家文化安全出发，高度重视文化建设特别是传统文化核心价值体系的构建，改变我国在国际交流和合作中“文化逆差”的局面，增强“软实力”，构筑文化国防，提高我国综合国力和文化竞争力。京剧承担着这样的文化使命。京剧不仅饱含中国传统文化精髓，其唱念做打四门功课更是充满了东方美，对西方人有着巨大的吸引力。作为独立的文化系统，京剧的繁荣和普及不仅能够有效抵御西方文化的入侵，更能成为中国与世界交往的有效手段，因为艺术无国界。

京剧离我们并不遥远，有很多历史故事在京剧剧目里都有体现，可是我们的青年学子们并没有意识到。京剧是中国人特有的，是中国人自己本民族的根文化。我在国外做了十几年的文化交流，从文化交流的实践当中深深体会到国外一些人们对京剧的尊重和仰慕之情。京剧是中国人的一个文化符号。我们还有很多地方戏曲，以及很多民族文化遗产，这些都是我们民族文化的财富，应该加以挖掘、传承和保护。有这么辉煌灿烂的文化，我们却视而不见，不去传承和保护，难道非要舍近求远让年轻一代去对其他国家的文化顶礼膜拜吗？

京剧进课堂

韩国人把泡菜变成了饮食文化，并在电视剧《大长今》里进行了不遗余力的宣传，连中国人对此都津津乐道。我们的孩子，现在正在成长中的一代人，张嘴就是麦当劳、肯德基等快餐文化。作为一个中国人，我们必须思考为子孙后代留下什么东西。如果用我们的文化筑成我们新的长城，那么京剧就是长城里最坚实的金砖，我们可以以京剧作为切入点，向年轻人传播我们的传统文化，向全世界展示我们的传统文化。

青少年是国家、民族的希望与未来，针对青少年进行传统文化教育十分重要，因为素质教育的核心就是做人，其内涵就是要教孩子学会生存，学会关心，学会共事，学会明辨是非。针对青少年进行传统文化教育的问题，是一个关乎国民素质的大问题，而京剧是我们的国粹，以其丰富的文化内涵和雅俗共赏的艺术形式完全可以胜任这项任务。现在京剧缺少观众，有了观众，它才能有生命力；而孩子代表未来，让孩子们继承传统文化，也是我们对下一代的责任和义务。

京剧作为中国传统文化的代表，想要获得长久发展，应该扎进国民的基础教育，进入中小学素质教育内容。其实早在上世纪 30 年代，“四大名旦”之一的程砚秋就提出过类似建议。程砚秋在考察欧洲之后，认为欧洲戏剧繁荣的原因就在于欧洲的国民教育很多是用戏曲音乐作为教科书的。有感于此，程砚秋在其《赴欧考察戏曲音乐报告书》中提出，国家应以戏曲音乐为一般教育手段。

我认为比较可行的方法是在中小学课程中增加京剧艺术选修课，开展针对青少年京剧基础教育的京剧剧目创作，并举办一些青少年京剧全国展演，鼓励社会资本建立“青少年京剧基础教育资金会”。作为全国政协委员和全国青联常委，我在2004年全国政协十届二次会议上，提出了《在青少年中加强京剧基础教育的建议》的议案，我认为现实意义十分重大：首先，京剧基础教育是对青少年的一种全方位的、生动的综合教育方式和艺术熏陶。从思想道德素质角度讲，中国京剧体现了我国多元化的传统文化特征、古代美学思想和传统道德观念；从艺术修养角度讲，京剧艺术又是一种具有文学、美术、音乐和舞蹈等众多艺术元素的综合剧种，因此京剧艺术的教育又是一种对青少年全面而生动的综合艺术培养和素质教育。其次，京剧基础教育可以培养出大量优秀京剧人才和京剧观众，从根本上推动京剧艺术的繁荣。在世界经济一体化的今天，文化市场上充斥着快餐文化，京剧等中国传统文化形式日渐式微，导致人们在短时间内培养起对京剧的深刻认识和兴趣有一定困难，特别是对青少年而言。因此，只有在基础教育中循序渐进地接受京剧艺术形式及其艺术熏陶，才可能真正培养出一大批京剧爱好者以及投身于京剧事业的优秀人才，带动整个京剧艺术的繁荣。最后值得强调的是，如果京剧艺术在我们这一代人手中断档，那我们将成为民族文化的罪人；振兴京剧，必须放到文化国防的高度，全社会都来积极参与。千万不要忘了，一个真正有文化的民族才是一个有希望和有未来的民族，一个国家不但要成为经济大国、政治大国，还必须成为文化上的大国，才能永久地屹立于世界民族之林。

我之所以提出“京剧进课堂”而不是“各地戏剧进课堂”，是因为学习京剧是传承中华传统文化一个有效手段。《三岔口》这个唱段学会了，学生们自然就会想、会问这是什么意思。老师就会告诉他们什么叫孝道。包公宁可不要乌纱帽，也要将驸马绳之以法，讲的就是王子犯法与庶民同罪。我并不反对在推广京剧的基础上进一步推广地方戏曲，而是等京剧试验成功后，再推广其他剧种。提案从提出到实施，历经五年的漫长历程。五年来，我一直为这件事情奔走呼号，游说各个部门，在不同场合、不同层面上反复地讲，包括胡启立夫妇，都被我动员起来去游说。还有陈至立同志，我就京剧进大学和京剧进中小学跟她谈了很长时间。那是在一次全国政协召开的教科文卫会议上，我作了“用传统文化筑成我们新的长城”的报告，引起了相关领导人的注意。会后，国务委员陈至立专门将我留下来做了一次长谈。在长谈中，我阐明了自己的观点，中国长期以来，一直在文化领域不设防，大量引进电影、图书等外国文化产品，直接导致了本民族文化受冲击。英国撒切尔夫人曾经说过，中国不会对世界产生威胁，因为他们只输出电视机，而不会输出里面的内容，这话从某种意义上指出了我们文化教育的软肋。中国要强大，除了军事、政治、经济要过硬外，还要有过硬的文化国防，否则，中国人就会失去自己的根。中华民族文化传承到了最危险的时刻，我们必须从娃娃抓起。当时，陈至立听得很认真，她也跟我深入地交流了他们在上海市做这方面工作的一些经验，问我需不需要她的一些经验给我借鉴。就是这次会谈，促成了有关部门在全国推广京剧进中小学课堂活动。

也是在2004年的“两会”上，我提出了《关于加快制定和实施“中国文化走向世界”战略的几点建议》。民族的振兴不能离开文化的振兴，在西方历史上无论是罗马帝国时代，还是英国霸主和美国霸主时代，都借助强势的文化巩固自己的大国地位。中国是四大文明古国之一，但是，现在我们的对外文化交流输出严重不足，外国文化的输入却是势头愈加强劲。一个国家的强盛，离不开它的文化吸引力。改革开放以来，我们的工业和经济有了很大发展，但在很大程度上充当的都是“世界大加工厂”的角色。

我希望中国文化能走向世界，希望这种文化传播活动能够抵御发达国家的“文化霸权”的渗透。美国在同苏联的竞争中获胜，依靠的不是导弹和核武器，而是美国的文化和价值观，而这些东西又是隐秘而又有效地在发挥作用。针对美国加速实施的全球文化战略，我国政府应有可行和有效的应对之策，构筑起我国的文化国防，在国际交流和合作中，增强“软实力”，建设文化国防。这正是我回国以来一直坚持不懈地说“京剧三国论”的背景与目的。

2007年10月25日中国人民大学成立国剧研究中心时，陈至立向我发来贺信。传统国粹能够进普通高校，并进行学术研究，意味着我们将来出来的成果是可以量化的，是类似斯坦尼斯拉夫斯基的全集、布莱希特的全集、莎士比亚的全集的“京剧全集”，京剧的表演体系和理论化体系，将会呈现在各个国家大学的图书馆书架上。那个时候，文化推出去就有了理论载体。以前我在国外讲课，需要做一些讲义，在图书馆找资料很麻烦，几乎没有什么英文翻译的材料，即便有也是四五十年代的东西，几乎没有新的可以借鉴的东西。所以我只能通过各种各样的渠道，才能够找来一些资料参考做教案。我个人可以这样迂回地解决问题，但是学生们做功课需要辅助教材，我特别无奈，连我自己都找不着，他们肯定就更找不到了。所以我有一个特别强烈的愿望，就是在大学成立一个研究中心，让我们的传统文化能够在世界主流高校中有一席之地。

作为一个海外归来的人，我是真的为国家担忧。这里面并没有个人利益的牵扯，如果非得找点儿个人利益的话，那就是对京剧的热爱。作为一个京剧演员，我真心希望能看到自己热爱的京剧能为更多的青年人熟悉、喜欢。回国后，经过一番努力，中国人民大学国剧研究中心成立了，我还在中国人民大学开设了“国剧艺术大观”这门公共选修课，学生们选课的积极性很高，说明他们有了解传统文化艺术的愿望。他们对京剧、对传统戏曲表现出来的热情给了我信心。他们不是看不懂、听不懂京剧，而是需要引导，需要有人给他们一个平台，给他们一个机会去真正接触这些东西，接触之后，他们自然而然地就会爱上这门艺术，会主动地去看一些这方面的书，自己去钻研琢磨。很多学生从一无所知到主动涉猎这方面的书籍，他们对京剧、对传统文化也有了全新的认识。

京剧百部经典英译

京剧百部经典英译工程

2011年6月，北京外国语大学成立了北京外国语大学艺术研究院，我有幸受聘成为研究院首任院长。作为中国最著名的语言专业类学府之一，北京外国语大学不仅是我国对外交流人才的培养基地，也是我国对外交流的重要平台。之所以成立艺术研究院，一方面是加强对京剧等传统艺术形式的研究，继承和发展中国传统艺术。另一方面，就是充分利用北外的优势，开展文化外交，推动中国艺术走出国门。在艺术研究院成立仪式上，应邀与会的众嘉宾在致辞时不约而同地提到公共外交这一名词。艺术研究中心与北外早前成立的公共外交研究中心一道，构筑起全方位、立体化的对外交流平台，推动中国公共外交事业的发展。

艺术研究中心一个重要项目就是“京剧百部经典英译”工程，由我担任主编。“百部”只是一个概数，实际做起来远不止于此，从剧本的搜集、整理，到翻译、校对、出版，工作量之大可见一斑。国内唱京剧的人不少，学外语的人更多，却没几个人想到要把我们的“国粹”翻译到国外去。我之所以做这件事，除了政府的支持之外，更源于我在美国时一次“不愉快”的经历。

在国外做文化交流，除了排戏、演戏之外，还有一项重要工作就是在国外的大学给学生讲课，讲京剧，讲中国文化。一次，耶鲁大学法学院的教授邀请我去给法学院的学生讲课。讲课地点在法学院的礼堂，有近六百人参加。耶鲁法学院是美国最顶尖的法学院之一，毕业生无疑是美国社会的精英，对整个美国社会有着巨大的影响力。能抓住他们的心，京剧的美国推广之路就可能好走很多。

为准备这次演讲，我可是煞费苦心。从京剧的历史演变，京剧的表演特色，到今天中国京剧发展的现状，林林总总，一应俱全，绝对算得上是一顿丰盛的“文化大餐”。然而问题也来了——手头的资料不够用。于是我就去学校图书馆找资料，结果找遍耶鲁所有的图书馆，没有找到一本关于京剧的书。与京剧资料的“稀缺”相反，我倒是看到很多欧美经典，比如莎士比亚全集，装帧都特别精美，放在图书馆颇有艺术氛围的环境中，让你肃然起敬。最后我只能去大使馆和当地华人华侨那儿找些京剧剧照，还有从我带的 DVD 里截图，才勉强凑够上课所需的素材。

那时我就想，戏剧是人类艺术欣赏的最高层次，莎士比亚又是戏剧经典中的经典。咱们谁都知道莎士比亚，可我们自己的戏剧——京剧，就没有出去过，在国外也是鲜为人知。如此巨大的反差，让我觉得特别无奈和苦涩。看着耶鲁大学的图书馆，我就咬着牙发了个毒誓：有朝一日，一定要让我们京剧的书摆上你们的书架。

这已经是十几年前的事情了，现在想起来，依然历历在目，因为这件事对我的触动实在是太大了。回国之后我就去找领导，做工作，最终促成了这个工程。

这个工程我已经做了四年，共翻译了 18 部书，反响也都不错。有生之年我还要继续做下去，不仅翻译剧本、我要把每个剧本的导读、欣赏部分，包括它的唱念做打、生旦净丑、故事背景，以及剧本文学和音乐，等等，都翻译成英文，同时插入图片，再附上一张表演的光盘，这就是深入浅出、雅俗共赏的京剧文化盛宴。为了适应国外读者的阅读习惯，每部戏文在翻译之后，我还请懂京剧的外国学者帮助润色。这样逐渐获得外国主流文化的认可，用不了多久，国外大学的书架上和国家图书馆就会出现中国优秀传统文化方面的图书。

为了实现最佳效果，我们还有一个系统的规划，即图书、DVD 和巡演“三位一体”，三驾马车并行，载着国粹京剧出海。

出版京剧经典剧目只是第一步，第二步就是随书发行DVD，这样既有文字，又有视频，读者既能看书，又可以欣赏剧目，传播效果也大大提升。此外，我们还与北京京剧院有一个合作项目，我们每出一本书，他们就对应演一部戏，先在国内演，国内演完再到国外巡演。这既锻炼了青年演员，使他们有机会“登堂入室”，更使得京剧在国内国外两个市场生根发芽，繁荣壮大。

文化走出去，京剧可先行

我国文化贸易的进出口数字，图书、演出、电影、电视剧，这些数字都是几百比一，甚至几千比一。美国的文化输出很成功，比如好莱坞大片儿、音乐剧等都很强，对世界各国都产生深远影响。在中国每年进口的多部外国大片儿中，美国占了绝大多数。但是他们仍然不知足，觉得中国应该进口更多一些美国片。在国外传播京剧的过程中，我深深地感到了我国同西方发达国家在文化传播上的巨大差距。西方的芭蕾、歌剧很早就走进了中国，而京剧等中国文化艺术却迟迟未能真正走进西方，这是一个应该引起重视的问题。一些涉外演出举办得红红火火，都是到一些国家把我们的演出弄得很热闹，但都是“雨过地皮湿”。而国内的传统剧目更是惨淡经营，我们的传统文化亟待扶持。在多数海外演出中，京剧还仅仅是官方文化交流项目，并未涉及到可能带给京剧变革生命力的商业性输出。我国在经济

贸易方面是顺差，但在文化输出方面却存在着巨大的逆差。在这种巨大“文化逆差”的背后是现代文化对传统文化特别是戏曲文化的冲击。我们的文化输出和输入的差距是如此之巨大，这是我不能不接受的一个现实。中国艺术在世界上的认可程度还很低。在许多国家，如果有人不听贝多芬、莫扎特、巴赫，那就被人认为是不懂音乐，但是没有人会觉得不听《二泉映月》、《渔歌唱晚》存在什么音乐素养问题。韩国服装、韩剧、韩国舞蹈，在世界范围内风靡，形成一股韩流；日本的动漫《海贼王》、《犬夜叉》、《网球王子》，还有宫崎骏的作品，在中国受到广泛欢迎。现在流行的韩剧、美剧，甚至还有泰国电视剧，什么“오 빠”（哥哥)、“사랑해요”（我爱你）成了中国孩子的口头语。我不排斥这些东西，但我们起码要巩固住我们自己的东西，练好自己的文化内功。巨大的文化逆差肯定与世界文化的多元化和传播障碍有关，我承认外国人学习汉语有很大难度，也承认我们的经济尚未达到支撑汉语在世界范围内得到普及的程度，但是我们的自身文化软实力是否强大到可以走出去了呢？

我曾经在《人民日报·海外版》发表过一篇文章《文化：“走出去”与“修内功”》：国家“十二五”规划提出加强对外宣传和文化交流，创新文化“走出去”模式，增强中华文化国际竞争力和影响力。以我个人在西方从事中华文化传播工作以及在国内长期调研经验来看，要实现文化更好地“走出去”，需要解决好我国文化事业建设中的一些问题，简而言之，根本的是要修炼“内功”。

首先，要坚持文化输出的内容主体是中华传统文化精髓，增强文化自信。在西方文化输入的强力冲击下，相当多的人漠视本国传统文化，甚至对传统文化嗤之以鼻。这种现状及其引发的传统文化市场萧条，严重打击了国民对本国传统文化的自信。在西方传播中华文化的经验告诉我，中华传统文化不但在世界上有市场，而且更能呈现“异文化”吸引力，也只有依赖传统文化的厚重土壤，文化“走出去”战略才有可能真正实现。文化自信心的缺乏，是目前我们的文化产品对外输出数量、种类严重不足和整体质量低下的根本原因。对传统文化自信心的重建，需要强有力、全方位、长期的提倡和引导。

第二，应下大决心、花大力气长期开展全民传统文化教育，从根源上与西方文化输入争夺话语权，坚固本国文化阵地，在最广大的范围内培养本国文化产业的消费群体。文化通常以渗透的方式传播，处在什么样的文化环境内，对消费者选择何种文化产品有着决定性作用。只有从长远出发，从基础教育和基层文化建设开始，建立良好的文化环境，从根本上获得人们对传统文化精神的认同，才能使本国文化声音不被湮没，文化精神不迷失。

第三，要科学处理非物质文化遗产保护与发展文化产业之间的关系。对非物质文化遗产科学、完整、妥善地保护和抢救，是其实现更大文化产业效益的前提，对非物质文化遗产的利用不能只顾短期利益，匆忙地与产业经济结合，比如一些优秀文化遗产与低端旅游经济的粗劣结合，或在时机不成熟时匆忙地将艺术团体抛向市场，实际上是短视和浪费资源。要走出万事与经济效益挂钩的误区，明白是否能带来经济效益不是划分保护力度的标准。

第四，文化“走出去”要注重文化产品的包装形式，注重输出成型产品，建立有国际影响力的本国文化品牌。目前我国文化产品的输出，很难说有形态上“成型”、产业上成熟的案例。我们在世界各地建立的数百家孔子学院，近年来在中华文化“走出去”方面取得了显著成效，但其内容仍旧以对外汉语教学为主，输出书法、国画、戏曲等文化基础类、元素类的初级产品力度尚不大，相比于发达国家成型文化产品，显得分散薄弱。很多产品在包装形式上与国际先进水准相差甚远，每每出现中国题材、外国制作、世界传播，令人惭愧。要突破这一现状，必须给予文化艺术工作者更大的创作空间，给予非公有资本进入文化产业更大的自由。“走出去”的文化离不开它的根源，缺乏肥沃土壤和优良生长环境的文化，即便能“走出去”，也一定“走不远”。只有从长远的、战略上的意义出发，从本国文化建设的自我完善做起，文化才有可能健康地“走出去”，并且走得更远、更好。

我国举办的中法文化年、中俄文化年等各种文化年，是一种很好的对外宣传中国文化的形式。但是这些活动只能达到“只知中国”或“只看世界”的目的，在对外传播国家形象上还存在许多空白和不足。我们应该整合建立一支“内知中国、外知世界”，具备“向世界说明中国”的能力和意愿的队伍，全面推进公共外交，从而真正有效地在全球进行文化价值的输出和国家形象的维护。

对外树立中国的良好形象，让外国人更好地了解中国，不是只有话语权就行了，而是要寻求一种正确而有效的表达方式，说明一个真实的中国，一个追寻和平友好道路的中国，减少别人对中国的误解。但是我们也面临着一个困难，就是西方人对中国的意识形态的东西很敏感，戒备心很强，甚至把中国妖魔化，担心中国再发展下去会成为霸权国，把中国的发展道路说成是“中国模式”，把中国的崛起看作是一种威胁。这种意识形态上的障碍，使得他们不能够正确地认识当今的中国。在他们的观念中，中国和原来的苏联是一样的。比如同样一件比较负面的事情如果发生在印度、巴西、新加坡，可能西方人的反应不会强烈，但是如果发生在中国，中国就会受到强烈的批判和攻击。而现在我们的报纸、杂志等媒体在对外讲述中国时，过多地用了一些生涩难懂的名词，别说外国人了，中国人要理解也要下一番功夫。这样的表达方式，进一步加大了外国人理解的困难，让他们很快丧失了了解中国的兴趣。公共外交本身就具有政治性，公共外交活动中的文化交流也不可避免地要讲究政治性。但是如果把政治理解为一个个的政治口号，那就太肤浅了。我想无论是外国人还是中国人，如果看到一篇文章、一本书或一部电影，里面充满了政治用语，自然而然地就会生出警惕之心，那我们对外交流的活动就已经失败了。交流活动的政治效果不是靠政治词汇、口号来体现的。比如，我们在巴黎文化周上，在美国的“中华文化美国行”活动中，都是以文化为切入点，没用令人生畏的政治词汇和口号，但都直接地让外国人了解了中国的文化、中国大众的生活状况和精神风貌，起到了很好的政治效果。奥运会、世博会是中国向世界展示自己的两张美丽的名片，展示得也很成功，但是怎样能够持续地保持这种传播效果，值得思考。

以前中国的官员在对外表达上，习惯性地运用很多官方语言，中国的政策、一些硬邦邦的数字，缺乏生动的故事。有的外国人就会觉得，中国官员说话的口径、表达方式几乎都一样，这就成了读词器，怎么可能说服别人，感动别人呢？这样对话的效果就会大打折扣。综合以上考虑，我觉得我们在对外传播我们的传统文化时，应该以一个比较友好的姿态出现，要用一种他们比较感兴趣、愿意接受的形式作为载体，来吸引他们听中国人说话，帮助他们了解中国，在此基础上，才有可能对中国的真实情况有一些了解，才能够理解中国存在的一些问题，理解我们的立场和观点。

赵启正主任曾经打过一个比方说，在对外传播中，如果我们要表达的核心内容是中国社会主义特色的话，它相当于是维生素C，它本来是在苹果里的，这个“苹果”就是中国的社会现实和相关的故事，那么与其给外国人维生素片，还不如给他们原生态的苹果，给他们自己消化和体会的余地。这个比喻完全照搬到京剧的对外文化交流中可能有些不对称，但是京剧的确以其优美的艺术形式、成熟的程式化动作深深地吸引了外国人的目光，成为了中国文化的一个象征，所以用京剧作为一个切入点传播我们的传统文化，我觉得是一个很好的选择，京剧可以是那个苹果，里面的维生素C就是我们民族的品质、历史、传统的道德和审美情趣。这样讲述的一方和倾听的一方都会觉得轻松愉快，这就有了沟通的意愿和情感基础，生动的语言才能有效地说明国家的形象。

以前佛经刚刚传入中国的时候，由于都是用梵文翻译过来的，很难懂，于是就产生了“俗讲”，通过讲故事的形式来说明佛理，弘扬教义。我们不要一开始就给外国人讲社会主义，讲中国特色，而是通过京剧里的故事情节告诉他们，我们的历史是什么样的，进而才能使他们理解我们的现在，了解我们的民族精神和性格。通过生动的故事表达自己，会起到事半功倍的效果，这样才能打动别人，进而传达我们的思想，避免别人对我们的误解。当然我并不是说一味地去传播古代文化，不去传播现代文化，今天的中国每时每刻都在发生新的故事，故事中每一个场景，每一个人物，都可以成为我们的题材。但是在艺术形式上我不敢保证我们的话剧、电影、动漫都已经准备好了。而京剧是中国所特有的一种艺术形式，是“戏剧”这一世界最高艺术形式的三大体系之一，它凝聚了中国传统文化的精华，反映了我们的历史、文化、艺术、思想道德，所以我说“文化走出去”，京剧已经准备好了，京剧已经具备走出去的能力，外国人有能力接受京剧，我在国外进行文化交流的经历已经很好地说明了这一点。应该将京剧作为“文化走出去”的引领者，然后带动其他相关文化艺术也走出去。

举个例子，外国人学习汉语会感觉枯燥、难度大，而且中国人喜欢用成语，但是翻译起来十分困难，容易引起误会，西方人很难理解。赵启正主任还曾经举过一个典型的例子：我们有个成语叫做“韬光养晦”，我们对外想要表达的意思是，中国还很弱小，存在的问题还很多，我们应该把主要精力放在解决自己的问题上，不要到世界舞台上去唱高调，我们的主旨是保持低调，而不是伺机进攻。但是翻译过去以后，被误解成了“隐藏自己的能力，等待时机”，成了勾践“卧薪尝胆”的故事，这就容易让人把我们视为一种潜在的巨大威胁。如果我们将汉字背后的故事用艺术的形式——京剧展现出来，他们会觉得很美、很奇妙，理解起来也更准确一些，因为戏曲演出的展开不只是通过语言，同时还有动作、舞蹈、音乐，可以帮助我们更准确生动地表达我们的意思，而观众理解起来也更容易。

那次旁听克林顿的讲话，也应该说是公共外交，是他“公共外交”了我一把，让我顿悟，从而进行深入的思考，并派生出那么多想法，回国后做了那么多的工作。而且从此之后我对美国又有了新的看法。

我们现在已经把“文化国防”提升到“文化安全”了，这是十分有必要的。我在那个年代就想到了文化国防的问题，回国就提出了。中国国歌唱得好，“中华民族到了最危险的时候”，这首歌唱的不仅是以前，也是唱的现在。现在中国的文化几乎是没有国防线而且是不设防的。在七八年前，我们的领导人说我说话严重了。其实到现在再看，是有前瞻性的，现在不单说“文化国防”了，而是已经上升到“文化安全”的高度了。去年六中全会，“文化安全”的问题没有彻底地提出来，其实文化安全已经需要上升到我们国家的命脉的高度来看待了。所以我也感谢那次谈话，使我有了反思，我开始变得从综合的眼光来看待中国的文化了。现在我讲课也不是单纯讲京剧，而是讲大文化，站在一个更宏观的角度来看待我们中国的文化现象。如果说我是艺术家，我也应该是教育家，是理论家，是社会活动家。人应该有综合素质，尤其在现在这个时代，作为艺术家一定要有一个基本的全方位的思维，才能跟得上这个时代的步伐。每天不断地摄入一些新的不同方面的养分充实自己，然后才能知道一件事情应该怎么做才能做好。所以有时候，对于一件小事情，我们该设想怎样做才能达到预期的效果。从一个艺术家变成了一个赵启正主任所说的“公共知识分子”，我自认为是不断学习的结果。这么多年来，见识的东西多了，反思的也多了，就会慢慢变得成熟，不只是为艺术而艺术，而是为真理而艺术了，这也是一个逐渐成长的过程。

美国政治学者汉斯·摩根索提出了构成国家权力的九大要素：地理因素、自然资源、工业能力、军事准备、人口、民族性格、国民士气、外交质量和政府质量。他同时强调："国际舞台的权力之争不仅是对军事优势和政治统治的争夺，而且在特定的意义上是对人们的思想的争夺。"地理因素、自然资源等自然禀赋自不必说，近年来我国在经济建设、国防建设、外交工作等方面取得的成就也是有目共睹的。于是有些人就不禁开始沾沾自喜，认为中国已经足够强大，强大到"可以说不"了。改革开放以来中国取得的巨大成就举世瞩目，但在承认中国发展的同时，我们更应时刻保持清醒的头脑，寻找并改进我们在国家权力建构过程中的不足之处。大家对"木桶原理"都很熟悉，决定中国这只"木桶"能装多少水的，不是经济、军事等长板，而是最短的那块木板。在国外从事文化交流工作多年，国家强大给我个人的文化交流工作带来诸多便利，作为一个中国人，我深感自豪。我最大的感触就是中国现在经济、军事、外交等方面都没问题了，但是在文化输出、民族性格展示等方面做得还远远不够。我们迫切需要寻求合适的手段，来向世界传播中国文化，展示中华民族的民族性格。

从我的专业所长和实践经历出发，我觉得我们还需要做好两项工作，对内民族性格的塑造，以及对外民族性格的展示。前面已经说过，京剧作为我们的“国粹”，饱含民族品质、道德要求和审美情趣等精神财富，将京剧引入国民教育，让孩子们接受传统文化的熏陶，对于民族性格的塑造大有裨益。此外，作为中国传统艺术中的精华，我们在对外传播中也要用好京剧这一有力武器。选择有代表性的京剧剧目对外传播，辅之以其他手段，让外国人在欣赏京剧的同时，了解中国传统文化和中国人的民族性格，这对于提高中国的美誉度，塑造中国良好的国际形象，有着重要意义。

《月上贺兰》

回国后我还排演了舞剧《月上贺兰》，我是这部舞剧的艺术总监和策划，这也是我花费心血最多的一部作品。

《月上贺兰》最初的创意人、策划人其实是宁夏回族自治区党委常委、银川市委书记崔波。2004 年两会期间，同是全国政协委员的崔波书记找到我，表达了以舞剧的形式传播回族文化、表现民族融合的想法，并希望我能参加。在此后三年时间里，我多次邀请国内著名艺术家去宁夏采风，感受当地的文化，进行舞剧的创作。

我们的创作团队阵容强大，张千一担任音乐创作，广为传唱的《青藏高原》、《嫂子颂》等歌曲，都是他的作品，舞剧

《野斑马》、《大漠敦煌》的音乐，也是他的作品。编剧是赵大鸣，有“舞剧皇后”之称的山翀出演女一号，王磊出演男一号，中国爱乐乐团担任交响乐伴奏。音乐是一部舞剧的灵魂，为了请张千一参与创作这部作品，我可没少费劲。当时张千一正在上海音乐学院读博士生，还要照顾生病的家人，因此很为难。为了说服张千一，我与他沟通了很多次，还动员了众多艺术圈内的朋友说服他，其中包括著名京剧表演艺术家于魁智。我和于魁智都是回族，而张千一是朝鲜族人，最后还是这部作品“民族和谐”的主题打动了他，他答应担任音乐创作。

这部舞剧取材于银川市永宁县纳家户的一个真实故事。据当地人讲述，纳氏回民的先祖当年从中东来到中国经商，一路历经艰难困苦，遭遇沙尘暴的袭击，被土匪官兵追杀，最后来到纳家户。在纳家户，他们得到了当地人无私的帮助，并与当地人通婚，繁衍生息形成了这支回民。《月上贺兰》正是依据这个故事进行剧本创作。舞剧的编剧是国家一级编导赵大鸣。他原来对回族文化一无所知，宁夏采风以后，他变成了半个“宁夏通”。我陪赵大鸣来到永宁纳家户采访，清真寺的阿訇得知我们的来意后，特许我们进入礼拜堂参观，并给我们讲述了宁夏回族四大支系的由来以及各自的特点。

传说在很久以前，一支西域商队沿丝绸之路向东行进，途中经历了土匪的抢劫、官兵的追赶，历尽艰险，大难不死，最终来到永宁纳家户并定居在此。我和赵大鸣听到这个故事后眼睛一亮，剧本的粗线条框架就形成了。回到北京后，赵大鸣用三个月时间创作出一个剧本，定名《月上贺兰》。因为月亮是回族的标识，“月上贺兰”就代表着回族翻越贺兰山，在山脚下定居。剧本讲述了这样一个故事：古丝绸之路上，一支西域商队历尽艰辛，在当地汉族和少数民族的帮助下，战胜困难，穿越沙漠，东渡黄河。在这个充满艰险的旅程中，来自西域的青年与当地的姑娘海真相爱了，他们真挚的爱情超越了民族、信仰、习俗的界限，最终他们在贺兰山下结为夫妇，带领商队在贺兰山下定居下来，繁衍后代，生生不息……

虽然我不是舞蹈专业出身，但多年的艺术生涯使得我对舞蹈规律了若指掌，而多年的文化交流经历给了我国际化的视野。舞剧长度、节拍，舞蹈形式是应该用单人舞还是双人舞，我都一清二楚，我把我在国外学习的心得和张千一分享，还给了他很多音乐素材，其中就有《走出非洲》的音乐。这部作品中有大量中东音乐与中国民乐穿插、糅合运用的案例。

因为《月上贺兰》写的是穆斯林，必须表现穆斯林的文化，而这种表现又得有一种震撼人心的东西来支撑。剧中有一个场景是女孩海真一边放羊一边看花儿，这段舞蹈是我精心设计的。每一个细节都一丝不苟，比如让演员带着荧光手套，用手表演花儿，每朵花儿应该怎么绽放，光应该怎么打到荧光手套上，打上去之后应该变成什么颜色的花儿等。还有一个舞蹈场景是男孩纳苏的父亲要带他离开贺兰山回到自己的家乡，女孩思念

1990 年，中国戏曲家代表团访日，摄于横滨

与日本创价学会青年领袖在一起

与日本能剧艺术家交流

中国人民大学京剧艺术讲座

向美国驻华大使骆家辉赠送《京剧百部经典译丛》

2011 年，获三八红旗手勋章

大型原创回族历史舞剧《月上贺兰》节目单

large-scale plain establishes the Hui nationality history dance drama《Upper He Lan of Moon》

《月上贺兰》节目单

2009 年，与连战夫妇合影

2009 年，与郝伯村合影

2010年，21世纪论坛期间，与日本前首相福田康夫合影

2010年，21世纪论坛期间，与德国前总理施罗德合影

男孩，想到男孩在沙漠中如果有一汪泉水该有多好，幻想他在自己身边。这个场景中两个人都在泉水里面舞蹈，表现对水的渴望，对爱情的渴望。为了达到最佳效果，我们设计的是让两组女孩脚对脚平躺在舞台上，穿着特殊材质的衣服。她们都主要是用腿舞蹈，并在那里一个接一个地起落、伸缩，来表现泉水的流动和逝去，灯光照上去之后就真的跟泉水一样。最后海真一回头，男孩不见了，说明那只是她的想象，是海市蜃楼。那段舞蹈在表演时，台下掌声很热烈，我觉得真是太难得了。

剧中还有一个情节特别让我感动。那一场戏，没有动作，也没法儿有动作，因为是穆斯林葬礼。西域商队在回家的路上还是遇到了劫匪，纳苏的父亲哈桑受了重伤，他坚持要回到家乡，当他的生命走到最后一刻时，商队决定为他举行穆斯林葬礼。我就让所有男女演员全穿着白斗篷，一个一个地从舞台池子走上来，一步一步，肃穆庄严地行走。走啊走啊，一直走到天边，穹顶上出现满天星星。中间的人拉着一块巨大的白缎子向前走，这块大缎子像没有止境一样，就像无尽的跋涉。这一段除了配乐，别的什么音效都没有。最后，“嗡——嘣嘣嘣嘣哄——”“唰”一束红光照到了大缎子中央，象征着这个人见到了真主，特别圣洁。这个时候所有人跪下致意，因为回族并不把死亡看作悲剧，反而觉得死亡很神圣，觉得自己见到真主了。这个时候远处传来诵经的声音，仿佛天籁之音。

这里还有一个插曲，为了保留“诵经”，我当初跟人理论了很久。我说要保留“诵经”的情节，人家说不能留，不能出现宗教的音乐，太敏感了。我坚持认为音乐来源于宗教，音乐也反哺宗教，基督教的很多音乐后来化入到世俗的艺术音乐里面，不能够把宗教音乐单纯地隔离开来看，我说我是回族，我来负这个责任。

为了这段音乐，我找来了全世界所有国家诵经的声音的录音带，但我发现还是不行，不能满意。我又找到了中国诵经比赛的前三名，就在宁夏的同心县的一个清真寺里。因为那个清真寺地理位置很高，而且特别远，很空旷，所以声音有回音。三个人每人各唱一遍，不同的声音有不同的唱诵，有了三个音区的声音。所有穆斯林往天边走的时候，配乐戛然而止，天籁之声响起，那是诵经的声音，独声清唱，给人一种悠远的感觉。让人觉得穆斯林的文化，在这里升华了，因为他本身就是想要去见真主，死对他来说不是悲伤的，而是圣洁的。随着音乐的响起，“哗——”，一片蓝变成了一片蓝白，那个场景真的很美。其实除了走路，演员没有别的动作，可是让人很感动，看得人汗毛都竖起来了，很肃穆，很震撼。我的学生看过这部舞剧，都意想不到地感动，惊讶于我的艺术积淀，连回良玉副总理也握着我的手说：“孙萍，这是久违了的剧场的感动！”因为他是回族，我也是回族，其中的感情我们都能够理解。

现在《月上贺兰》已经成了宁夏文化旅游的一个品牌，很多游客到当地都要观看这部舞剧，它已被列入宁夏回族自治区文化精品工程，还作为国家对外文化交流的重点剧目，多次出国巡演，并在北京保利剧院等剧场进行商业演出，都很成功。我也获得了银川市委银川市政府颁发给我的“特别贡献奖”。

但奖项对我来说已经无所谓了，文华奖、华表奖、五一精品工程奖、国家精品工程奖，甚至很多我叫不出名字的奖我都得了，但都没去取，包括宁夏的这个奖项也没有去取，甚至连奖金也没有拿，因为在我看来，精神享受才是最重要的。我有着深深的“宁夏情结”，我是回族人，自己就出生在宁夏，《月上贺兰》也算是我对自己的家乡和民族还的一个愿。为民族和谐、民族文化交融做出一点贡献，我觉得很光荣，也很欣慰。

这次参与创作《月上贺兰》的行为，肯定不能说是公共外交，但是原理与公共外交是一样的。因为所有的公共外交活动都涉及到跨文化传播、交流的问题，这部舞剧本身体现的就是不同文明的交流与融合。新月是富有穆斯林特色的文化符号，而贺兰山是宁夏的地域标志，《月上贺兰》反映了伊斯兰文明与中华文明及其他传统文化融合的过程，是民族融合的过程，也是一种文化上的交流的过程。

勇敢面对质疑的声音

这么多年我走了很多地方，也接触了很多人，其中就有日本首相福田康夫。他的父亲福田赳夫也曾是首相，他们对中国都非常友好。然而虽然态度友好，但对中国也并非十分了解。

他跟我在一起的时候比较放松，有时候他不愿意问别人问题，就会问我。比如，中国人如何看待计划生育。我对他讲，虽然计划生育会使我们觉得不快，觉得一个孩子太孤单，并且会使社会提前进入老龄化。但在中国，如果一个家庭多生一个孩子的话，那我们的人口到现在为止就不是十三亿了。中国这项政策对于人性来说，有些残酷，但是没办法，中国的国情就是这样，因为我们要保证每个人都吃饱饭。从另一个方面来讲，中国的这项政策也是为控制世界人口增长做贡献。他也会问到有关年轻人的一些问题，对时事的看法，我也会客观地跟他讲。他对文化也很感兴趣，他会问，为什么中国的年轻人现在对美国文化、新潮文化如此热衷，对自己的传统文化没有什么热情。我告诉他，这可能是中国近几十年改革开放以来，只注重引进一些东西，而忘记挖掘、发扬、传播自身的一些更好的东西。比如说汉字，学生写汉字很难看，我的学生写的中文也不好看，他们不像我们小的时候要练毛笔字，大楷、小楷什么的，他们现在没有这种环境，这也是一种遗憾。但是现在中国人已经意识到了这个问题，也采取了一些措施。拿我来说，我希望学生交给我的作业或者卷子是他们自己手写的，而不是电脑打印的。从另一个方面来说，美国的大片儿的确很震撼，一部分观众难免会被他们个人主义英雄主义的东西所吸引。但是中国人也有优秀的传统文化，但现在的问题是传统文化出现断层，这方面政府是有责任的，以前的一些政策把真正应该传播的东西给阻断了。传统文化的继承弘扬就需要我们这代人去补功课，替政府还多少年来欠下的传统文化的债。这不是年轻人的错，有政府的责任，也是我们这一代人努力不够。

福田康夫是以一种很开明、很轻松的态度跟你谈话，你也可以这样去做，这样的话，他对你很友好，你也应该以真诚的态度去回应这种友好。跟他谈话是一种很轻松很透明的交流，不会刻意回避或掩饰一些东西。在一些问题上我们有很多自己的想法，也会坦诚相告。比如我会告诉他中国现在每个家庭只有一个孩子，每个家庭都是望子成龙，所以就会出现很多社会问题。我们也会谈到一些负面的东西，但是负面问题产生的原因是多方面的，我会注重把一些积极的方面介绍给他，减少他对中国的误解。

我们要正确对待别人对我们的质疑和批评，因为我们发展得比别的国家都要快。在西方人眼中，中国以前就是殖民地，很落后，突然之间这个国家不知道从哪儿又冒出头来，在奥运会、世博会上出尽了风头，人家当然会质疑、会批评我们，这也是成为一个大国必然要经历的事情。哪个国家是大国，就会成为众矢之的，英国、法国、美国都有过类似经历。

中国影响力的不断增强，将会招来西方、东方越来越多的批评。有些是赞美的、善意的，有些是嫉妒的、仇视的。越是在这种情况下，我们越要有效地表述自己的观点，把我们自己的故事讲出来，争取别人对中国的尊重。

公共外交有一项重要的任务就是要让世界更好地了解中国，为中国营造一个良好的国际环境。如果我们不说明中国，不讲我们自己的故事，而别人又先于我们讲了一个假故事，就会误导很多人，这时候即使我们再讲真故事，就很难剔除人们心中的刻板成见。比如西藏问题，我们中国人看得很清楚，西藏人也看得很清楚，可是外国人未必清楚，外国媒体也未必清楚，这样他们的思维就很容易被别人绑架。达赖每到一个地方都是满脸堆笑，他的目的就是“西藏独立”，但是他并没有一开始就把这个题目抛出来，而是宣扬“慈悲为怀”，到最后博得各方同情，再把自己的政治目的展现出来。他的策略很巧妙。关键是他可以许下很多空口承诺，而用不着兑现，因为他不用承担政府对公民所负有的责任。这个时候中国更要想办法讲清楚自己的故事，讲清楚西藏的历史、文化、教育和西藏人民的生活状况，如果我们不说明真相，外国人就会猜测，就会听信一面之词，对中国误解愈来愈深。

十几年的国外文化工作经历告诉我，我们中国讲和谐，不是自己仅在国内努力就能实现的，还需要有良好的国际环境。国家间文化沟通、国家形象的塑造是一个互动的过程，如果你不去表达自己，就必然由别人任意表达。世界上只有少数人亲身来过中国，只靠外国人的来访、旅游不能使得世界上那么多人了解中国，因此中国必须加强对外说明自己的力度。向世界说明中国，包括我们的社会制度、社会发展情况，以及我们的历史和文化，包括我们在发展过程中出现的种种问题。诸如，城乡发展、区域发展的差距，经济、社会发展的不平衡，劳动就业、社会保障、收入分配、教育卫生医疗、居民住房、食品安全、社会治安等关系老百姓切身利益的问题。任何国家在发展过程中都有可能遇到这样那样的问题，如果我们一味地表达好的一面，不承认我们也有负面的东西，那么就会让人觉得我们传达的信息不可信，最后使对方失去和我们继续交流的意愿。

同时，向世界说明一个真实的中国，也是作为中国人自信的一种表现，因为我们相信我们的发展方向是正确的。虽然道路曲折，但前途是光明的。中国真实的国情是我们树立国家形象的基础，宣扬不切实际的虚假信息，只会事与愿违。邓小平曾经说过，宣传中国的成绩，不要把话说得过满，要留有余地；不要说得过于绝对，要实事求是地评价中国。比如我们中国是地缘辽阔，但是人口众多，耕地少；我们的 GDP 是增长速度很快，但是人均 GDP 水平很低。我们没有必要刻意地去修饰和掩饰我们存在的问题。比如有外宾参观我们的学校，看望中国的孩子，我们没必要刻意地去打扮一下孩子，描上浓浓的眉毛，打着粉底，涂上红彤彤的腮红，才让孩子去见客人，因为孩子们本身就是美好的，本没必要做这些画蛇添足的准备工作。

传统文化是海峡两岸共同的精神命脉

我去台湾交流过很多次，台湾地区非常重视孩子的传统文化教育，中小学不光教授孩子《三字经》、《老子》、《孟子》这样的传统经典，还设有“国剧”即京剧的教程。交流过程中我跟连战的交流不能说是公共外交，只能算是共同寻找民族文化根源探讨。我跟他交流过很多次，讲京剧，讲传统文化。他认为，中国人要把祖宗的文化给丢了，那就是千古罪人，他的观点比我还激进。他对中国传统文化艺术的那种热爱，对同根同族同文化的认同，让我很受感动。江丙坤、吴伯雄也都跟我谈中国传统文化，他们对传统的尊重和热衷，是我在中国大陆感受不到的。在那里我很开心，很欣慰。我禁不住想象，如果中国人对传统文化的态度都是这样，中国文化的发扬、繁荣将指日可待，中国作为一个文化大国的形象必能屹立于世界舞台。

中国特色的民间智库

希腊之行结束以后，向赵启正主任汇报时，我们都有一个共同的希望：发展具有中国特色的民间智库来支持中国公共外交事业。

智库的英文是 Think Tank，是指由专家组成的多学科的，为决策者在处理实际问题中出谋划策，提供最佳理论、策略、思想、方法等的公共研究机构。从定义上说，智库是独立于政府机构的民间组织，它的运作和决策并不由政府左右。智库是以专业的学术研究为基础，针对现实问题提出自己认为合理可行的立法设想与政策方案。智库的运作在西方国家，是在每逢重大政策的决策时，一般先由智库提出建议，然后媒体讨论、国会听证，最后政府采纳。发展智库则必须十分重视研究人员的培养，将智库培养成的精英输送到政府机构任职，由研究者变成决策者；另一方面也为退休的领导、资深科学家等为国家决策献计献策提供机会。

西方国家进行公共外交很多年，它们的智库的数量也是惊人的。包括民间智库、政府扶持的智库、大学和研究所，不管是盈利的还是非盈利的，都在为着国家贡献。一般来说智库唱白脸，政府唱红脸，而媒体唱混合脸。相比之下，中国经过 30 年的改革开放，已基本建成了特色鲜明、水平较高的人文社科科学教学、科研、应用、创新体系，也有了数量相当的国家智库，为领导决策提供科学严谨的意见。但是中国特色的民间智库发展没有受到相当的重视。中国的公共外交发展刚刚起步，就是中国特色的民间智库并没有起到它应有的作用。

中国特色的民间智库与国家智库有相同点，但是有着功能上的不同。对比中国特色的国家智库和中国特色的民间智库，应该可以发现以下几个特点：第一，具有坚定的政治属性。具有明确的政治方向，坚持四项基本原则，坚持马克思主义的指导地位。第二，国家利益至上的目的。不管是国家智库还是民间智库都具有明确的国家政治倾向，从国家的最高利益出发，服务祖国，服务于建设中国特色社会主义的伟大事业。离开对国家利益的追求，就不是中国特色的智库。第三，人民属性。中国民间智库来源于民间，最终服务人民。坚持公平正义，坚持为人民服务，坚持为公共利益服务。第四，多样性。中国民间智库的构成具有多样性，中国民间智慧是个巨大的宝藏，可以对问题从不同角度提出见解。第五，国家指导性。民间智库区别于中国国家智库，是在中国政府指导下对于建设等提出指导建议，但不对其决策进行干预。

一个国家的整体外交事实上应该分为三层。政府对政府是政府外交，民间对民间是民间外交，民间对政府外交才被称之为公共外交，也被称之为公众外交或者公民外交。公共外交的宗旨并不是要求外交的高度，而是要求外交的底层决策权。公共外交层面不一定要到美国总统的级别，只要外交的对象是郡县级别的决策人，只要能够通过一定的外交手段改变他的既有成见，那么就称之为成功的公共外交。通过个人关系进行沟通，游说不同的人，为政府赢得不同的支持的声音，为国家的国际影响力提供坚实的外交基础。

凝聚中华民族理想，致力于国家发展进步，为丰富和完善

“中国特色”提供理论支撑和理论储备。中国是人民的国家，那么智库会很大程度上反映民众的思想，为中国的公共外交提供宝贵的指导思想。全国政协外事委员会副主任韩方明在公共外交国家论坛上说道：“民间智库将成为国家间外交对话的第二渠道，政府和民间沟通的桥梁，有助于推动完善中国公共外交官民协作的体制。”

中国的公共外交这几年发展较快，从学术概念成功转变成为中国对外交往中的重要手段。在中国政府的重视下，公民、企业和民间组织运用多种公共外交手段，加强各个领域间的全球合作，增加非政府的文化交流项目，为中国赢得了广泛的国际支持，并对增强中国的国家影响力起到了重要的作用。发展“中国特色”智库能够充分调动各界潜能，挖掘民间智力资源，为国家公共外交乃至整体外交战略建言献策。

中国民间智库的发展是一个艰巨的工程，目前存在的问题众多。

首先，各级党委和政府要进一步加大对民间智库的重视程度，深刻认识哲学社会科学在治国理政和建设中国特色社会主义事业中的巨大作用。要注重智库型人才的培养与选拔，积极为哲学社会科学研究和人才培养创造良好的环境和机制；要建立和完善成果评价机制和奖励制度，对具有较大影响的研究成果和做出杰出贡献的专家学者进行奖励，为他们提供成果转化的渠道，并为他们更好地发挥作用创造条件。

第二，民间智库发展要坚持解放思想、实事求是。解放思想的关键就是要创新，创新是马克思主义固有的理论品质，是推动哲学社会科学研究不断深化的不竭动力。我国民间智库要真正发挥作用，当务之急就是要将阐释型智库转变为创新型智库。民间智库的任务是提供决策咨询服务，要有能力对未来经济社会文化的发展做出科学的预判，要具有探索真理、发现真理、修正错误的勇气，要敢于突破传统的思维方式，勇于冲破条条框框的束缚，并根据形势发展的需要，提出具有前瞻性、战略性、可行性、导向性的决策咨询建议和应对策略，真正发挥决策咨询的参谋作用。

第三，进一步增强民间智库发展的独立性，加大对民间智库的扶持力度，使智库真正成为政府决策部门的“外脑”。我国是共产党领导的、人民当家作主的社会主义国家，这一国家性质决定了我国的民间智库建设必须始终不渝地坚持党的领导，不能完全复制欧美智库的发展模式，不能完全走市场化的发展道路。但是欧美智库发展的成功经验表明，过分约束的发展模式必将束缚民间智库发展的脚步。为此，有必要在体制上对其进一步松绑，弱化其对行政部门的依赖性，增加体制机制的灵活性和自主性。同时要加大对民间智库的培养力度，保证公共决策研究机构的多元化发展。一方面积极鼓励民间智库参与公共政策的分析、研究、咨询与决策，为其发展创造宽松有利的外部环境和制度保障；另一方面要加大对民间智库的经费扶持力度，逐步扩大经费来源渠道。有了良好的制度保障和充足的经费来源，民间智库才能真正走出“先天不足，后天发育不良”的困境。

第四，明确智库的职能定位，转变传统的科研理念。智库是提供决策咨询服务，促进科研生产力转变为现实生产力，参与服务国家政治、经济、文化、社会全面发展的专家平台和研究机构。因而，民间智库要坚持以不断发展的马克思主义为指导，坚持为人民服务、为中国特色社会主义服务的“二为”方向，以哲学社会科学理论创新为基础，以研究重大战略问题、现实问题、政策问题为重点，以服务公众利益为追求，以维护国家利益为最高荣誉，以为国家政治、经济、文化、社会发展提供长期的、可持续的，具有战略性、前瞻性的政策建议为手段，努力使自己成为党委政府“信得过、用得上、离不开”的决策咨询机构。

第五，加强智库间合作交流，提升智库的整体水平。彻底解决中国智库的“集体失声”现象。

我的报告 *

* 本篇引用了赵启正《公共外交与跨文化交流》（中国人民大学出版社2011年版）和其《开拓公共外交的意义》等讲座的内容。

中国特色的公共外交的理论

公共外交一词由美国人在 1965 年首先提出。关于它的定义，国内外学者仁者见仁，智者见智，有共识也存在不少争议。将其定义为："公共外交旨在处理公众态度对政府外交政策的形成和实施所产生的影响，它包括超越传统外交的国际关系领域：政府对其他国家舆论的开发、一国私人集团与他国的互动、外交使者与国外记者的联络等。"美国国务院 1987 年编的《国际关系词典》中认为，公共外交是指"由政府发起交流项目，利用电台等信息传播手段，了解、获悉和影响其他国家的舆论，减少其他国家政府和民众对美国产生的错误观念，提高美国在国外公众中的形象和影响力，进而增加美国国家利益的活动"。

第一，公共外交的目的与传统的政府间外交一样，都以维护和增进国家利益为宗旨。

第二，公共外交的对象是他国公众，这点没有争议，也是其区别于政府间外交的主要因素。

第三，公共外交的主体，学界对此存在一些分歧。较传统的研究认为既称外交，主体只能是一国政府；也有学者提出政府、社会团体和个人都可以直接影响外国公众的态度，因而都可算作公共外交的主体。

第四，公共外交的内容和方式。这也是有关公共外交研究的主要着眼点。公共外交的实质是与他国公众的沟通，其任务是了解、掌握他国民意，并影响他国公众对本国的认知，提升其对本国政策和文化的认同度和支持度。具体的实施方法则会随时代变迁、技术进步等不断变化更新。当今世界公共外交理论和实践的集大成者是美国。它已建立起一套较完备的公共外交实施体系，在政界和学界都有一批专门从事公共外交研究的人替国家出点子，琢磨如何推陈出新和更有效地进行公共外交。这使美国得以紧跟信息技术和全球化发展的潮流，不断使出新的招数推行公共外交。

公共外交的主体是本国政府，客体是外国公众。主要手段是以传媒为重点的各种人文交流活动，目的是通过营造外国舆论，给外国政府造成压力，促使有关国家政局和政府政策朝有利于自己的方向发展。概言之，公共外交是一国政府为争取他国民心而采取的各类公关行动。这是公共外交最本质、也是最经典的含义。

公共外交与传统外交的最大不同在于它不是通过本国外交

机构直接作用于驻在国政府，而是通过信息流通手段直接作用于外国民众，通过外国民众去影响其政府的政策。它的行为主体不仅仅是政府的外交职能部门和驻外使领馆，更主要的还是主管外宣的政府部门及其掌控的重要媒体或社团资源。

之所以在传统外交之外还能衍生出“公共外交”，主要原因是公共外交给人的印象不像传统外交那样就事论事、急功近利，它讲究心灵渗透，追求细水长流、水到渠成；它通过营造别国舆论，驱动别国民众对政府施加压力，甚至左右别国政局，以实现本国外交政策目的。可谓是润物无声、事半功倍。

中国公共外交的历史和发展的特点

对中国而言，公共外交是新世纪的“舶来品”，中国学者在借鉴吸收国外理论的基础上，结合我国公共外交实践作出了界定，形成了一套完备的中国特色公共外交理论体系。赵启正主任认为，“无论从中国发展的内因、外部环境，还是对世界的影响力来讲，中国加强公共外交已经是不言而喻的选择了”。开展公共外交可以增进外部世界对中国的国情、政策和价值观的理解，可以创造更加客观友善的国际舆论环境，改善中国的国际形象。

2004年3月19日，外交部正式成立了“公众外交处”，从外交职能部门的层面加强对公共外交工作的投入、指导和协调，这是中国公共外交工作的一个新起点。具有中国特色的公共外交有如下特点：

一是内外并重。要有大局意识，从国内外两方面出发看待问题；外交部在开展公共外交工作时，除了一如既往地重视与外国民众的沟通与交流外，开始更加重视与国内民众的交流。

二是追求共赢。中国特色的公共外交重点是介绍自己，而不是抨击别人。现在，中国官方的各种外文传播媒介，播出的内容都主要是在介绍自己，而不是在谈论别人，更不是在妄评别国内政。这与西方媒体的作为有天壤之别。

三是政府主导。“集中力量办大事”是中国的政治文化传统之一。在开展公共外交时，由专门部门领导，集中人力物力财力。比如2008年的北京奥运会、2011年上海世博会等就办得令外国人心服口服。

公共外交作为一个国家的软实力，近来更加受到国家的重视，它在中国外交中的比率越来越大。

尽管新中国外交实践当中早已包含公共外交成分，但是并没有专业概念。

中国领导人非常重视争取外国民心的工作。早在抗日战争时期，1941年12月3日，中国共产党领导的延安新华广播电台就进行过对外日语广播。中国成立前夕，1947年9月11日，陕北新华广播电台又开始了对外英语广播。建国后新华广播电台的对外播音部逐步发展成为“中国国际广播电台”。至1987年国际台纪念对外播音40周年之际，已可用38种外语每天向全球累计播音142.5小时，成为当时仅次于苏联和美国的第三对外播音大国。

新中国诞生的第一天，就成立了负责对外出版工作的专门机构——新闻总署国际新闻局，即后来中国外文局的前身。在其后若干年内，国际新闻局旗下的出版集团先后用五种文字出版了《人民中国》、《北京周报》、《中国建设》、《中国报道》等各类书刊，向全世界一百八十多个国家和地区发行，总数达到了几十亿之多，对世界人民了解新中国发挥了巨大作用，尤为明显的是对中日民间友好的推进。

在机制层面，新中国诞生后不久，中央就设立了负责协调对外活动的专门机构——中共中央国际活动指导委员会，由中联部部长王稼祥任主任。1958年3月6日，在国际活动指导委员会的基础上又成立了国务院外事办公室，由国务院副总理陈毅任主任，进一步加强对外交工作的领导和协调。随着形势的发展，1980年成立了中央对外宣传小组，1991年成立了以“推动中国媒体对外说明中国、指导和协调对外新闻报道”为主要职责的国务院新闻办公室。

对外文化交流也已成为中国公共外交的重要渠道。其中最引人注目的要数孔子学院的建立。从2004年开始，中国开始在海外设立以推广汉语文化为基本任务的孔子学院，目前已设立227所，遍及66个国家和地区。近年来，中国接纳外国留学生的数量稳步上升。国家在派遣公费留学生方面也加大了投入，如国家留学基金委启动了“国家建设高水平大学公派研究生项目”，2007至2011年期间每年选派5000名研究生出国联合培养和攻读博士学位。此外，中国与许多国家合办国家文化年、友好城市，由中宣部、文化部等牵头组织海外文艺表演等，均增进了海外民众对中华文化的了解。

以上事实说明，经典意义上的公共外交，新中国从建国第一天起就已经开始进行。国家决策层对此思想上重视，机制上落实，经费上保证，也取得了斐然的成就。当时的中国公共外交具有三个特点。

一是在不利的国际环境中生存发展，呈明显防御态势。新中国成立之初，西方媒体就带着对社会主义政权的巨大偏见和敌意宣传报道中国。冷战结束后，更一度将中国视为自由民主世界的最大敌人，发起制造“中国威胁论”等一系列舆论攻击。现在又集中、放大甚至歪曲报道中国发展过程中出现的问题，在国际上频频制造中国的负面形象。西方国家凭借雄厚的财力、先进的技术、丰富的经验牢牢把握了国际话语权和舆论主导权。

二是由政府主导，集中力量办大事，在包括现代化建设在内的许多问题上起到了很好的作用。在开展公共外交活动时，也由专门部门领导，集中人力物力财力。

三是在具体对外文化交流中以增进友谊为主要目标。中国的传统文化讲究内敛、谦虚、谨慎，既不主张宣扬自己，也反对对别人的事情指手画脚。

除上述提到的中日关系外，中国在非洲的良好形象也与中国公共外交的成功密不可分。

新时期中国公共外交的最大特色

新时期中国公共外交的最大特色是内外并重、追求共赢。

“公共外交”概念真正进入中国决策层理念是近十年的事情。2004 年 3 月 19 日，外交部正式成立了“公众外交处”，从外交职能部门的层面加强对公共外交工作的投入、指导和协调。这是中国公共外交工作的一个新起点。此后中国的公共外交有两个鲜明的特点。

其一，内外并重。从 2004 年开始，外交部在每年发表的《中国外交》白皮书中均有专章总结前一年的公共外交工作。从这些专章中可以清楚地看出，外交部在开展公共外交工作时，除了一如既往地重视与外国民众的沟通与交流外，开始更加重视与国内民众的交流。例如，2004 的白皮书提道，“2003 年，外交部在公众外交和公共事务方面进行了有益的尝试”，首次举办了以“走进外交部”为主题的“公众开放日”；外交部网站进行了第四次大规模改版，设立了“中国外交论坛 BBS”；李肇星外长带头与网民在网上互动，各司局长就外交热点问题与网民在线交流，等等。正如当时的主管部领导在“公众外交处”成立时举办的研讨会上所讲："我们希望通过自己的努力，在普通公众面前一点点撩起中国外交的神秘面纱。"

在现代通讯和交通技术迅速发展、各国相互依存、关系日益密切、国内公众参与外交的意愿和能力日益增强的背景下，国内事务与外交事务的界线越来越模糊，国内问题国际化，国际问题国内化的趋势越来越明显。全球化的形势要求外交政策制定者和执行者必须具有"国内国外两个大局"的意识，必须从国内国外两个角度交叉看问题，必须给国内民众关心和参与外交打开方便之门。这样，内外并重就应运而生地成了新时期中国公共外交最重要的特色。

其二，追求共赢。新时期中国公共外交与西方国家公共外交的一个实质性区别是，中国不寻求通过公共外交操控别国舆论或左右别国政局，更不会捏造事实传播谣言，煽动别国民众推翻他们的政府。中国公共外交的主要任务是"把一个真实的中国告诉世界"。只要稍微注意一下就可发现，中国官方的各种外文传播媒介，不论是报刊还是广播影视，不论是网络视频还是网站新闻，播出的内容都主要是在介绍自己，而不是在谈论别人，更不是在妄评别国内政。这与西方媒体的作为有天壤之别。

中国在进行公共外交时，奉行实事求是的态度，不虚美不掩过。正如中国外交部副部长、前驻英国大使傅莹所说，"公共外交要实事求是，应该让外界不仅了解中国的成就，也能看到中国正视和解决问题的积极态度。公共外交需要早说话，让国际社会在第一时间听到中国的声音，这有利于外界形成客观平衡的看法。公共外交需要多说话，说明白话，应设法让中国的声音通达国际社会”。

为做到这一点，近年来中国公共外交采取了让人耳目一新的“三大亮点”，即孔子学院塑造和谐文化形象、政府白皮书正面阐述中国立场、媒体外交彰显透明高效。中国希望外国人能更直接、更真实、身临其境、耳闻目睹地观察和了解中国。中国人自信中华几千年的“仁爱”文明和以“和谐”为核心的价值追求，具有道义上的感召力和形象上的亲和力，只要外部世界真正了解了中国，就会愿意与中国进行交流，展开合作，创造出共赢的局面。因而，追求共赢是新时期中国公共外交的又一个鲜明特点。

中国发展公共外交的现实意义

回首改革开放三十多年的中国，开展公共外交已经成为中国外交的必然选择。改革开放以来，中国经济实力和政治影响得到了空前提升，国际社会对中国产生了浓厚的兴趣。中国发生的一切都成为国际社会的研究素材，中国被放到了国际社会的显微镜下观察、分析、解读。不同国度、不同阶层和不同心态的人自然会得出不同的结论。这些结论一旦形成主流，就会对其国家政府的对华政策产生影响。这几年发生的“3·14事件”、“7·5事件”、“5·12地震”，国际舆论的不同反应对其政府立场的不同影响充分说明了这一点。在全球化形势下，中国与外部世界的相互依存度比过去任何时候都高。中国比过去任何时候都更需要向世界说明自己。中国对公共外交的需求比过去任何时候都更加强烈。

首先，中国已经走到了世界的舞台中心，与世界有了千丝万缕的密切联系，民众间的国际交往的接触面远远超过政府交往。随着中国对世界的影响日益增大，中国发生的事情往往就是世界的事情，随时会成为世界舆论的主题，中国有必要以公共外交增强中国的国际话语权。

第二，公共外交是促进西方摒弃冷战思维要做的功课。对于中国共产党领导的事业，西方一些势力都有反对的倾向。这种偏执会产生遏制中国的政策和行为。由于意识形态的差异和利益的冲突，西方媒体对中国的报道时有严重的歪曲乃至攻击。他们连年不断地制造“中国威胁论”之类的炒作热点，通过他们强大的媒体宣传，致使许多外国普通人士也对中国有所误解。

第三，中国要继续发展必须要有良好的国际舆论。要让世界正确认识中国，不能寄希望于西方媒体公正客观地报道中国，更不能寄希望于他们主动填补早已存在的舆论鸿沟。把中国的真实情况，包括中国文化精神、中国特色的社会主义、中国的内外政策等介绍出去，首先在于中国人自己的国际沟通能力。

中国的公共外交正是增强这种能力的重要方式，毫无疑问，同时也支持了政府外交。

第四，对中国的不解、误解和偏见，不利于我国，也不利于他们自己，因为偏见会使他们的对华政策随之产生严重偏差。中国对外交流中力推“和谐”、“和善”、“祥和”诸理念，“和”将是中同文化的符号表征。推广这样一个理念，公共外交有“随风潜入夜，润物细无声”之功。

因此，无论从中国发展的内因、外部环境，还是对世界的影响力来讲，中国加强公共外交已经是不言而喻的选择。我们要树立公共外交的高度责任感，除了政府和政府官员理所当然地承担着公共外交的责任之外，还特别强调了凡有机会和有能力的民间人士应该有参与公共外交的自觉性，也是一种广泛的爱国情怀的表现。

拓展有中国特色的公共外交

中国与西方国家现实国情不同、历史传统不同，因而开展公共外交要实现的目标和可运用的最佳手段也一定有所区别。当前，针对西方社会对中国误解较深的情况，中国已将公共外交的主要任务定为“向世界说明一个真实的中国”。要完成这一任务，需要实事求是地分析问题，借鉴外国的成功经验，集思广益。

了解民意

深入了解公共外交的受众是实施有效公共外交的前提和基础。这种了解分两个层面。一要了解受众对中国（或相关问题）的真实看法，即跟踪国际民意，掌握第一手信息。西方国家很早就开始利用问卷等方式了解国际民意。除各大媒体、大学研究机构外，还有不少公司专职从事民意调查。目前国内社会学等学科已广泛采用问卷调查的方式搜集资料。在国际关系领域，跨国民意调查存在一定难度，目前还不是主要调研手段。但这项工作的重要性不容忽视，也应设法尽快开展。在现有条件下，可从加强驻外使领馆、新华社等媒体的驻外机构的民意搜集功能着手。有专家建议，在初期可委托国外独立的专业机构用由中方设计的问卷进行民意调查，以后转由中国自己培养起来的机构开展这类工作。

第二个层面是在获得国际民意数据的基础上，了解民意形成的原因。这通常与受众的文化传统、基本信仰和思维方式有关。比如在达尔富尔问题上，西方人指责中国“支持独裁政权”、“造成达尔富尔地区的人道主义灾难”，就与他们的“普世人权”观和“救世主”情结有关——西方大众总盼望有一个救世主式的人物来帮他们解决问题，而他们也总觉得自己是发展中国家人民的“救世主”。

但中国人信奉的是“具体问题具体分析”和一国的内部问题归根到底要靠本国人民自己解决。西方人不理解中国的智慧，比如，他们一味地认为中国没有利用能源合同向苏丹政府施压就是支持“暴政”、漠视“人权”。同样，“民主”的观念在西方根深蒂固，国会辩论、罢工游行是他们心目中民主的标签。他们在中国找不到这些标签，就极易相信中国是“集权的”和“不民主的”。理解西方民意形成的原因需要花费心思。那些在西方生活多年、熟悉西方社会的华人华侨或者与西方人打交道较多的中国人都可以提供很好的素材。关键是在涉外工作中要勤于观察，注意搜集和认真思考。

提供信息

向外国公众提供及时、充足、可靠的信息非常重要。在西藏和台湾问题上，外国公众的误解很大程度上是由相关信息量严重不足造成的。西方媒体在报道事件时“扼要”地阐述历史，我方媒体又不能及时有效地将真实的背景讲述给外国公众，直接导致了外国民意的一边倒。笔者曾经问一位了解台湾问题的日本学者，如果日本是中国，内战造成了台湾这样的问题，日本会怎么做？她的答案是，和中国政府一样。如果外国公众都充分了解了西藏和台湾等问题的历史背景和现状，中国的政策就能在国际上赢得压倒性的同情和支持。2008 年有关雪灾和汶川大地震的报道就是成功的例子。当时，灾情公开，报道及时细致，连专门找的西方媒体也不得不赞扬中国政府救灾行动的高效和人民解放军的爱民。当今信息传播的速度不断提高，渠道不断扩展，向国外公众提供信息更要求及时、真实和充分。

谁率先报道，谁就掌握主动；谁的信息更真实更充分，谁就能赢得更多的支持。任何掩盖或歪曲事实的报道终究会导致媒体公信力的丧失。这就对中国对外新闻工作提出了更高的要求。可喜的是，中国已将“建设国际一流媒体”、“构建现代传播体系”列为紧要任务。另一方面，考虑到国外公众主要还是从本国媒体接收信息。在西方的报纸等媒体上，多一些中国人撰写的文章，多一些中国的观点也很有必要。2008 年，中国驻英大使傅莹为《泰晤士报》、《卫报》等撰文表达中国的看法就收到了很好的效果。这样的声音需要加强。也需要有更多来自中国民间和海外华人的声音。

同样，关于国内一些危机性事件的报道也要着眼于把握主动，赢得信任。2008 年最大的食品安全事件要数“问题奶粉”了。这起重大的食品安全危机也吸引了国外媒体的集中报道。直接后果就是中国乳制品出口的锐减，当年 10 月，该项出口就下降了九成多。随着国外公众对中国产品信任度的下降，中国形象必然被抹上阴影。可以说，在快速发展中，我国出现一些政治、经济、社会问题在所难免，即便是西方发达国家也会爆出像“疯牛病”这样的危机。重要的是以后再出现类似的公共外交危机，不要惊慌，而要设法更快、更多地传递正面信息。比如食品安全事件，就可以从严惩罪犯、加强食品质量监督保障制度的角度向公众提供可信赖的信息，这将有助于逐渐平息恐慌和重塑信任。

注意方法

公共外交非常讲究沟通方法。这里政府的作用很微妙，既要推动和引导，又不宜直接出面。西方人倾向于用怀疑的态度看待政府的言行。如果一个举动被视为是政府刻意的宣传，其效果就会大打折扣。去年许多中国人试图向西方人解释西藏问题，却经常遭到抵制，称这是政府教你们的，不是事实。在中西方打网络口水仗时，有西方人想当然地认为这是中国政府在组织网民驳斥西方。这样的印象不改变，再强的国际传播能力也很难收到理想的效果，连普通的中国人也会失去解释的机会。中国在加强国际传播能力时务必注意这一点。

事实上，西方的公共外交虽然有政府在背后推动，却多以非政府的形式出现，取得较好效果的通常是由基金会等非政府组织赞助的文化交流活动，或者是像英文歌曲、日本动漫、韩国电视剧、印度瑜伽那种形式上与政治完全脱钩的活动。这种公共外交不露痕迹，常能起到事半功倍的效果。中国开展公共外交也宜多采用这类形式，多向基层文化交流投入资源，通过无数个体、小群体与国外民众交流，传播中国的形象和文化。

在推动基层交流时，国家应起到教育和引导作用。首先应加强对普通民众的国情教育。西藏事件后，不少国人和海外华人突然意识到自己对国家的一些重大问题很不了解，想向外国朋友解释却说不清原委，丧失了公共外交的好机会。同时，还应加强对外国文化的基本教育。比如西方人好表达自己的观点，喜欢争辩，而中国人在人际交往中讲究避免争执。在国际交流中，如果我们不认同西方人的观点，就一定要指出来，争论几句不伤感情，保持沉默则只会被视为理亏。国家还应鼓励中外个人和团体间建立起长期的个人关系，因为长期的个人友谊比官方关系更能推动对方从换位考虑问题，理解我们的国家。就文化交流而言，应充分利用中国受欢迎的文化元素并开创自己的流行风格。中华饮食和武术在世界广受喜爱，它们都体现了中华文化“和”的精神，但目前的推广多集中在技术层面。今后应着重将其中的精神内涵发掘出来呈现给外国公众。另外，流行文化是吸引外国年轻人的好方法。国际级的娱乐、体育明星都具有较强的号召力。可惜当下中国的流行文化不少是模仿西方，缺乏创新，吸引力不强，这方面值得多下工夫。

整体设计

公共外交要推出的是国家的整体形象，但具体措施却经常由不同的机构分头实施。外交部门、新闻部门、文化部门、商务部门、旅游部门等很多机构都要在其中扮演角色。因而，整体的设计和协调就显得尤为重要。

确定国家的品牌形象和外交主线有利于外国公众获得整体印象。比如美国主推自己是民主自由的代表，日本重点宣传自己的高科技和环保理念，法国一直孜孜不倦地突出法国文化的独特性，挪威则非常成功地将自己树立为国际维和的典范，获得了大大超过其国家规模的国际影响力。

中国也需要有一个清晰的国际形象，它既反映中华文化的精髓，又顺应客观世界的需要。“和谐世界”理念的推出无疑是一个非常好的契机。从主体上讲，“和谐”理念深深植根于中华文化，是中国人普遍的信仰。中华文化没有宗教性的对抗，没有压制性的等级观念，有的是“万事和为贵”、“强扭的瓜不甜”和“己所不欲，勿施于人”的智慧，有的是“与人为善”的信条。从客体上讲，这个世界不太平，地区冲突、恐怖主义、资源争夺、粮食短缺、核问题、经济危机等，此起彼伏，建立一个和谐、和平、合作的世界很有号召力和感染力。因此，“和谐世界的推动者”可以作为中国开展公共外交的主线。

围绕这根主线，各部门可以仔细挖掘，将和平发展、合作共赢等概念联系起来。通过有代表性的实践、有象征意义的文化元素等多种途径展现和证明主题，对工作中的经验和问题及时总结，在相关部门间交流分享，努力使中国的公共外交事业形成有机的整体。

中国公共外交发展趋势

为了促使中国公共外交事业的全面展开，推进中国公共外交的研究无论是在概念上的界定、意义上的认知还是理论和策略上的探讨，都应实现根本意义上的转变。

第一，继续借鉴美日韩公共外交的历史经验。在公共外交领域，美国、日本和韩国有着各自成功的经验，这为中国进一步拓展公共外交提供了历史线索和有益的参考。作为公共外交的领军人和最大受益者，美国在公共外交的目标确定、机构设置、资源投入和客体目标层次的定位等多方面有着丰富的案例。日本和韩国则另辟蹊径，公共外交活动开展得有声有色。日本通过开展对外经济与文化援助活动、大力倡导非传统安全领域的国际交流与合作以及动漫外交等公共外交形式，对传统外交发挥着重要的辅助性作用；韩国则不遗余力，通过对外宣传韩国文化增强其在国际社会的影响力，使“韩流”时尚风一度影响深远。研究这些国家开展公共外交的成功经验，尤其是总结其先进的公共外交理念、总体战略模式和成熟品牌的生成机制，通过历史性的比较分析，对辨析国内国际大局与中国公共外交拓展之间的关系，研究中国开展公共外交的切入点、发展路径和未来的趋势走向，都具有非常重要的借鉴意义。

第二，建构中国公共外交的战略框架。对于未来中国公共外交的目标而言，将其分为低层次与高层次两个发展阶段：低层次目标是“将真实的中国展示给世界”，改善国家的国际形象、营造良好的国际舆论氛围；高层次目标则在此基础上“发出有影响力的话语”，提高中国的国际话语权和国家软实力。作为一项长期的系统性工程，公共外交战略框架的搭建需要多项配套工程的完善，如何制定对外传播战略，在传播手段和方式技巧上与国际主流媒体接轨，实现从传播大国到传播强国的战略转型；如何制定专门的人才培训计划，造就一支精通政策、熟悉业务、善于沟通的公共外交人才队伍；如何做到全民总动员，提高国民的文化素养和参政议政的能力等。

第三，充分调动民间智力资源，建设大量民间智库资源。通过民间智库参与公共外交，有利于政府外交的多样化。

公共外交是一种广泛的、长期的、基础性的国际工作，是一项了不起的跨文化交流的大工程，它表达的方式是文化性的，它是一种软力量的表达，这种表达往往是比较柔和的、直截了当的和容易被理解的。随着公共外交的广泛实践，相信世界会有更多的人了解中国和领略到“和而不同”的中华文化精神。

结　语

以上是我多年来公共外交实践的总结，较早的时期是无意识的，后来逐渐有意识地去做。这些年下来，我越来越觉得公共外交是一门实践学科，广大公众都可以参与进来。中国的公共外交起步比较晚，但中国政府一向注重把政府外交和民间外交结合起来。1957年，周恩来总理就提出“中国的外交是官方的、半官方的和民间的三者结合起来的外交”。民间外交形式多种多样，包括友好城市、文化体育团体互访，等等。

自改革开放以来，中国逐渐从世界视线的边缘走到了中心，变成焦点。中国发生的事情会更多地为世界所关注，但是在关注过程中，也会产生很多误解。在现今信息技术非常发达的时代，非政府组织、社会精英和普通民众也主动地参与国际对话，这是比较现代的公共外交新方式。公共外交的目的就是使外国民众对中国的理解更加深入全面，从而为政府采取更为友善的对策提供基础。

公共外交是非常重要的也是必需的外交途径，公共外交可以帮助中国向世界说明中国的国情、政策并回答世界对中国的问题。政府的外交活动主要涉及一些比较严肃的问题，而对于文化的交往或者民间感情的交流就很不充分。最早的公共外交实际上就是文化交流，公共外交是一项了不起的文化交流工作，是国家软实力的展示，表达方式比较柔和、直接，潜移默化，容易被人接受和理解。不同的国家、地区和民族之间的文化交流，是人类本性的交流，是其他政治、经济、教育、军事等领域对话的基础。有了文化沟通做基础，其他领域的对话也会更容易。公共外交着眼于文化，在文化交流中增进彼此的了解和认同，求同存异，对于增进国家之间的互信，构建一个各国公众广泛参与的文化交流平台十分必要。我相信，随着公共外交的更广泛实践，将会有越来越多的人了解中国，了解中国的文化和民族精神。

图书在版编目（CIP）数据

他们，都是领袖／孙萍著. --北京：中国文史出版社，2012. 9
ISBN 978-7-5034-3538-6

Ⅰ. ①他… Ⅱ. ①孙… Ⅲ. 文化-世界-文集 Ⅳ. ①G112. 53

中国版本图书馆 CIP 数据核字（2012）第 232730 号

责任编辑：马合省
封扉设计：万有文化

出版发行：**中国文史出版社**
网　　址：www. wenshipress. com
社　　址：北京市西城区太平桥大街 23 号　邮编：100811
电　　话：010-66173572　66168268　66192736（发行部）
传　　真：010-66192703
印　　装：三河市金泰源印装厂
经　　销：全国新华书店
开　　本：640×960　1/16
印　　张：18. 75　　　字数：185 千字
版　　次：2013 年 1 月北京第 1 版
印　　次：2013 年 1 月第 1 次印刷
定　　价：48. 00 元